RECHERCHES
SUR
LA PHILOSOPHIE ET LE LANGAGE

Conférences de :

Claude DEBRU
Claudine ENGEL TIERCELIN
Daniel LAURIER
Françoise LÉTOUBLON
Daniel PARROCHIA
Henri JOLY

CAHIER DU GROUPE DE RECHERCHES SUR LA PHILOSOPHIE ET LE LANGAGE
Université des Sciences Sociales de Grenoble
1987

La loi du 11 mars 1957 n'autorisant, aux termes des alinéas 2 et 3 de l'article 41, d'une part, que les « copies ou reproductions strictement réservées à l'usage privé du copiste et non destinées à une utilisation collective » et, d'autre part, que les analyses et les courtes citations dans un but d'exemple et d'illustration « toute représentation ou reproduction intégrale, ou partielle, faite sans le consentement de l'auteur ou de ses ayants droit ou ayants cause, est illicite » (alinéa 1er de l'Article 40).

Cette représentation ou reproduction, par quelque procédé que ce soit, constituerait donc une contrefaçon sanctionnée par les Articles 425 et suivants du Code Pénal.

Groupe de Recherches sur la Philosophie et le Langage, 1987
U.A. 1230 CNRS

Université des Sciences Sociales de Grenoble
Domaine Universitaire - 38040 St-Martin-d'Hères
Adresse postale : 47 X - 38040 Grenoble Cedex
Tél. (76) 42-57-27

ISSN 0754-331 X
ISBN-VRIN 2-7116-8251-X

AVANT-PROPOS

On trouvera dans ce cahier, le huitième de la série de nos publications, les textes des conférences prononcées à Grenoble en 1985-86 dans le cadre des travaux du Groupe de Recherches sur la Philosophie et le Langage (devenu en 1985 l'Unité Associée 1230 du CNRS, « Philosophie et Langage » ; responsable : Henri Joly).

Comme précédemment, le choix du thème (« le langage et le mental ») était assez large pour permettre aux auteurs de développer librement les axes de leur recherche, que celle-ci concerne directement ou non les relations de la philosophie et du langage, de la philosophie et du mental, la philosophie du langage, la philosophie de l'esprit, ou les rapports entre ces deux dernières. On peut lire les textes de ce numéro indépendamment les uns des autres. Il est également intéressant de voir ce qu'ils ont en commun, même si pareille tentative n'engage que l'auteur de ces lignes.

L'article de Daniel Laurier concerne directement le problème des relations de la philosophie du langage et de la philosophie de l'esprit (au sens de la « philosophy of mind », c'est-à-dire de la philosophie des phénomènes mentaux ou du mental, sans la connotation spiritualiste que l'expression a en français). Daniel Laurier, à la suite de toute une tradition en « philosophie analytique », se demande comment on attribue, dans les contextes d'explications psychologiques du sens commun, des contenus de croyances de désirs, de pensées, à des individus. Le plus souvent ces attributions s'effectuent au moyen du langage, par le biais de ce que les philosophes et logiciens anglo-saxons appellent des compte-rendus d'attitudes propositionnelles, comme « Jean croit que p », « Lisa désire que q », etc.). Les philosophes du langage demandent quel est le sens des phrases rapportant ces contenus d'attitudes propositionnelles (ou si l'on préfère, contenus intentionnels), c'est-à-dire, selon une conception courante (et raisonnable) de la sémantique, quelles sont les **conditions de vérité** de telles phrases. Mais il semble *que l'on ne puisse établir les conditions de vérité de ces phrases que si l'on peut établir ce qui est susceptible de les rendre vraies ou fausses, c'est-à-dire si l'on connaît la manière d'individualiser correctement les contenus d'états mentaux qu'elles caractérisent. Ici le problème proprement sémantique rejoint le problème de l'individuation psychologiques des contenus d'attitudes propositionnelles, et il est difficile de proposer une « sémantique » sans prendre parti sur ce que sont les croyances, désirs, volontés, etc. que nous attribuons couramment aux créatures dont nous voulons (le plus souvent) expliquer le comportement. Est-ce que les modes proprement linguistiques d'individuation des états intentionnels que nous employons dans notre psychologie commune (ou « populaire ») coïncident avec les modes d'individuation que pourrait proposer une psychologie scientifique évoluée ? Selon certains – les partisans d'une certaine conception de la psychologie « cognitive » – la réponse est un oui nuancé. Selon ceux qui considèrent que la psychologie scientifique doit se débarrasser (éliminer) des notions psychologiques communes, la réponse est non. Daniel Laurier montre que les attributions de contenus intentionnels sont ambiguës, et qu'il n'y a pas qu'une seule manière de spécifier leurs conditions de vérité. En particulier certaines attributions présupposent qu'il y a un contenu interne, individuel et spécifique au sujet, des représentations (« individualisme »). D'autres attributions font appel, pour caractériser les contenus intentionnels, à des traits de l'environnement des sujets (« externalisme »). Ces conditions mixtes d'attribution font peser des contraintes particulières sur le statut des explications en psychologie cognitive, tout comme elles relativisent le projet d'une sémantique qui se réduirait à l'établissement de conditions de vérité des phrases d'un langage. Les partisans de l'élimination de la psychologie populaire sont-ils fondés à conclure, de l'ambiguité radicale des attributions communes de contenus, à leur inutilité et à leur stérilité pour la psychologie scientifique ? Encore faudrait-il qu'ils montrent que celle-ci n'est pas soumise à la contrainte qui pèse sur les explications courantes, qui sont des représentations ou des descriptions de représentations, c'est-à-dire qu'ils répondent clairement à la question : comment peut-on représenter correctement un contenu de pensée (s'il y en a) ?*

L'article de Claude Debru porte sur la neurophysiologie du rêve. Les philosophes se demandent si les rêves sont des expériences, donc si ce sont des états doués de contenus. Les neuropsychologues et les neurophysiologues se demandent quels états du système nerveux sous-tendent, ou sont causalement responsables des états du sommeil. En philosophe, savant, et historien des sciences, Debru retrace l'histoire de ces travaux, et montre comment ils ont été influencés par diverses théories métaphysiques des phénomènes

mentaux (comme celle du parallélisme psychophysique). Il expose en particulier les recherches de ce que l'on peut appeler l'école lyonnaise de neurophysiologie, dont les principaux représentants actuels sont Michel Jouvet
et Marc Jeannerod (*). Ces travaux ont dégagé la notion de sommeil paradoxal, dans le cadre d'une neurophysiologie « comportementaliste » qui
remet en question la définition du rêve comme état purement **mental**. Il
est donc peu probable, à la lumière de ces travaux, que le type d'approche
« cognitive » évoqué ci-dessus, qui définit les états mentaux comme états
représentationnels et « computationnels », satisfasse totalement le neuro-
physiologue du rêve. On s'éloigne alors d'autant plus de la notion de rêve
comme état doué d'un contenu spécifique, et donc des analogies entre
contenus psychiques et contenus de signification que cherchait à poser
une psychologie cognitive au sens classique.

L'article de Claudine Engel-Tiercelin nous ramène aux problèmes
des relations du langage, et en particulier de la notion de signification, et
de l'esprit. Les mots, disait Aristote, sont des symboles des états de l'âme.
Ils sont, disait Locke, les signes des idées que nous avons dans l'esprit.
Berkeley suivait Locke en cela, et l'on peut dire que sa sémantique est de
ce point de vue « mentaliste ». Mais il y a dans sa pensée une autre inspiration, que dégagera plus complètement Peirce, qui conduit, comme le montre
Claudine Engel-Tiercelin, à définir la pensée **par** l'usage des signes, et non
l'inverse. Le pragmatisme est une théorie de la « pensée-signe », qui se réali-
sera dans une sémiotique, dont le principe de base est qu'un signe est susceptible d'être interprété de manière indéfinie par d'autres signes. Claudine
Engel-Tiercelin montre comment Berkeley et Peirce élaborent respectivement les prémisses et le corps d'une théorie qui définit la pensée et les signes
par leurs effets, et qui culminera dans la métaphysique pragmatiste. Mais
Berkeley en reste au nominalisme quant aux signes, alors que la conception
pragmatiste ne s'accomplit que dans un réalisme des universaux. La théorie
de la signification comme celle de la pensée ont donc un fondement ontologique.

Si les signes expriment des pensées, une langue exprime-t-elle un système de pensée ? Ce thème classique (chez les romantiques en particulier)
a notamment trouvé son expression moderne dans le relativisme linguistique :
selon la fameuse « thèse de Sapir-Whorf » chaque langue exprime une certaine
forme de représentation du monde unique et intraductible. Françoise
Létoublon aborde des questions voisines en se demandant, en linguiste et
en hélléniste, si la grammaire et la langue grecque définissent une certaine
représentation spatiale du monde. La notion philosophique qui sert de

4

guide à cette enquête est celle, d'origine phénoménologique, de « corps propre » : la langue grecque représente les relations spatiales à partir du corps propre. Ce système de localisation se retrouve-t-il dans les autres langues indo-européennes et peut-on l'élever au rang d'un universel linguistique (donc à l'encontre du relativisme) ? La réponse de Françoise Létoublon est nuancée, et elle se limite à l'indo-européen, pour lequel il semble bien que les relations grammaticales aient une corrélation avec des représentations du corps et une perception communes de l'espace.

Il paraît difficile de s'interroger sur le langage en tant qu'expression de pensées sans s'interroger sur l'idée de style, que l'on peut définir, à la suite de Gilles Granger, comme la manière dont les contenus de pensée sont mis en forme et s'individualisent. De ce point de vue, une forme d'expression culturelle privilégiée est le style philosophique (même s'il est possible qu'il tende à disparaître de notre culture). Jean Parrochia s'intéresse particulièrement à l'une des figures de l'expression philosophique : le système. Il en retrace les origines dans l'histoire de la pensée occidentale, étudie son accomplissement à l'âge classique selon le modèle d'un système de la nature et du monde, puis son apogée dans le modèle organique des romantiques, enfin son déclin contemporain. Peut-être, suggère-t-il, la notion de système est-elle autant une invention des philosophes que des historiens de la philosophie, et les deux ne coïncident-ils pas. L'historiographie contemporaine en tous cas a de plus en plus de mal à maintenir cette notion comme notion descriptive de ce que font les philosophes. Cela ne lui enlève pas son statut normatif, comme modèle de ce que les philosophes cherchent à produire, au-delà des unités idéales ou de leur « dispersion ».

Dans le cadre d'une autre histoire, celle de la sexualité et de la vérité ce sont encore les figures de système et de style que Michel Foucault articule. En confrontant le système des vertus et le style de la vie, il analyse, sur terrain grec, entre le IVe et le IIIe siècle, comment le désir et l'éros faisaient problème ; à partir des techniques et des pratiques de soi, il explique l'apparition du « sujet moral ». Dans un **Retour aux Grecs** de Michel Foucault, Henri Joly rend compte de **L'Usage des plaisirs** en respectant l'ordre interne d'une quadruple régulation, « éthique », « diététique », « économique » et « érotique ». On peut y suivre, comme autant de modes d'assujetissement, la maîtrise du psychique sur le sômatique et l'emprise des vertus sur les conduites. Il y est aussi question de vérité.

On peut ainsi être tenté de trouver l'unité de la philosophie dans ses problèmes et ses formes d'argumentation, et bien que les études réunies ici aient chacune leur style propre, nous espérons qu'elles n'en sont pas un mauvais exemple.

Pascal Engel

(*) Nous avons pu entendre également, dans le cadre de cette série une conférence de Marc Jeannerod sur la neuropsychologie du mouvement, que nous regrettons de n'avoir pu inclure dans ce cahier.

Comme par le passé nous voulons remercier le Service des Publications de l'Université des Sciences Sociales de Grenoble pour son efficacité, et les services Administratifs et de la Recherche, pour leur aide et leur soutien.
La réunion et la publication de ces textes a été assurée par Jacques Lambert et Pascal Engel. Nous remercions Henri Joly, directeur de notre groupe, de son aide et de sa confiance.

EPISTÉMOLOGIE DU SOMMEIL PARADOXAL

Depuis une trentaine d'années environ, avec la découverte du sommeil paradoxal, la recherche neurobiologique a apporté des contributions décisives à la psychophysiologie du rêve. Nombreux en effet sont les neurobiologistes qui pensent que le sommeil paradoxal forme le substrat neurobiologique du rêve, entendu comme l'activité psychique du sommeil lorsqu'elle a acquis une intensité hallucinatoire.

On s'accorde aujourd'hui pour affirmer qu'il y a trois états de vigilance du système nerveux central : l'éveil, le sommeil lent et le sommeil paradoxal. Le neurobiologiste préfère parler d'états de vigilance plutôt que d'états de conscience parce que la combinaison de techniques électrophysiologiques et de l'observation du comportement de l'animal permet de distinguer des états de vigilance qui sont des comportements alors que l'électroencéphalographie seule ne permet pas de distinguer clairement des états de conscience. Le sommeil paradoxal est donc un état comportemental de vigilance qui est caractérisé par un ensemble de critères synchroniques. C'est un syndrome, formé de signes électriques, comportementaux, et végétatifs. Les signes électriques sont principalement un électroencéphalogramme rapide et de bas voltage, très régulier et assez semblable à celui de l'éveil (cette ressemblance a été source d'erreurs d'interprétation), ainsi qu'une activité rythmique, les pointes ponto-géniculo-occipitales, qui affecte principalement le système visuel mais pourrait moduler pratiquement l'activité de tout l'encéphale. Les signes comportementaux sont une forte élévation du seuil d'éveil par rapport au sommeil lent, une totale atonie des muscles antigravitaires, une activité fine de certains muscles des doigts et de la face, comme les muscles oculomoteurs ou ceux de l'oreille interne. L'activité des muscles oculomoteurs se traduit par des mouvements oculaires rapides, qui ont été le signe majeur du sommeil paradoxal (« sommeil à mouvements oculaires rapides ») pour les premiers électrophysiologistes qui les ont mis en évidence.

Les signes végétatifs sont représentés par des modifications des rythmes cardiorespiratoires et de la tension artérielle.

Cet ensemble de signes représente effectivement un état paradoxal en ceci qu'il associe une activité cérébrale intense et une activité périphérique quasi nulle. Michel Jouvet, en 1959-60, a été le premier neurophysiologiste à percevoir le caractère paradoxal de cette association. Il a reconnu que le syndrome paradoxal correspondait à un état fonctionnel du cerveau fortement singularisé, et a proposé le concept de *sommeil paradoxal* comme troisième état de vigilance du système nerveux central. Ce faisant, il a été plus hardi, plus intuitif et plus décisif que ses collègues américains.

Comme toute la recherche neurobiologique actuelle, les études sur le sommeil paradoxal sont dans un état que l'on pourrait qualifier d'empirico-spéculatif, mixte d'expérimentation sophistiquée et risquée et de spéculation libre. Cette relative liberté de la spéculation du physiologiste (en particulier concernant les fonctions biologiques du sommeil paradoxal) a de quoi fasciner le philosophe. Mais la spéculation physiologique n'est pas seulement significative par sa liberté. Elle l'est aussi plus spécialement pour le philosophe en ce sens que des conceptions philosophiques ont été et sont encore actives dans la recherche sur le sommeil paradoxal. Elles y sont d'autant plus présentes et actives que les problèmes fondamentaux restent à résoudre. Deux conceptions ont été principalement actives : celle de l'unicité de la cause déclenchante par opposition à la pluralité des causes, et celle du parallélisme psychophysique que nous examinerons plus particulièrement.

Le problème de l'unicité ou de la pluralité des causes est un problème particulièrement crucial en neurobiologie, où il se pose avec peut-être plus d'acuité que dans les autres sciences biologiques, en raison de l'hypercomplexité du système nerveux central. Or cette complexité est encore généralement abordée par les ressources de la physiologie expérimentale. Reposant sur l'usage du principe « sublata causa, tollitur effectus », la méthode expérimentale s'appuie également sur la croyance qu'il existe une cause prépondérante pour chaque phénomène physiologique, croyance sans laquelle l'applicabilité du principe, au regard de la logique, ne pourrait être rigoureusement envisagée[1]. Mais, outre la difficulté d'exhiber une telle cause prépondérante, sous la forme d'une neurohormone par exemple, dans le cas du sommeil paradoxal, la situation se complique du fait que le sommeil paradoxal est un phénomène périodique, qui comme de nombreux phénomènes périodiques pourrait résulter de l'interaction de différents facteurs.

Le parallélisme psychophysique, pour sa part, a joué un rôle très défini, à la fois dans l'identification globale du sommeil paradoxal et du rêve, et dans l'interprétation locale de tel ou tel signe — visuo-oculomoteur par exemple — du point de vue de sa signification par rapport à l'expérience du rêve, signification qui est interprétée comme analogue à celle qu'aurait le même signe dans l'état d'éveil. C'est ainsi que le parallélisme psychophysique nous conduit peut-être à exagérer la ressemblance qu'il y a entre la représentation onirique et la perception de l'éveil. La question de savoir si le rêve est une expérience analogue à celle de l'éveil a été posée dans la philosophie. Aristote la pose, dans son Traité *Des Rêves.* Il pose également la question de savoir comment distinguer entre les différentes activités psychiques du sommeil. Pour Leibniz, premier théoricien du parallélisme psychophysique, l'âme pense toujours, même pendant le sommeil, et, écrit-il dans les *Nouveaux Essais,* même pendant le sommeil sans songes[2]. Mais pour commenter l'implication du parallélisme psychophysique dans la recherche sur le sommeil paradoxal, il est nécessaire de suivre le développement récent de ces recherches.

*
* *

La découverte du sommeil paradoxal, qui s'est effectuée en plusieurs étapes, est due à la conjonction de deux traditions d'étude du sommeil, une tradition française et une tradition américaine. La tradition française, d'expérimentation psychophysiologique sur l'animal, est bien représentée par les travaux d'Henri Piéron[3], avec sa théorie de l'hypnotoxine. La tradition américaine est principalement représentée par Nathaniel Kleitman, professeur à Chicago, dont l'ouvrage *Sleep and Wakefulness* a connu deux éditions, en 1939 et 1963[4]. Kleitman s'est principalement adonné à l'électroencéphalographie du sommeil humain et des stades de ce sommeil, dans le cadre d'une étude des grands rythmes biologiques. Son élève Eugène Aserinsky a découvert en 1953 (ou plus exactement redécouvert, puisque l'observation avait déjà été faite) l'existence de phases à mouvements oculaires rapides pendant le sommeil. Aserinsky et Kleitman firent alors la conjecture que cette activité oculaire rapide était associée au rêve. En effet l'intensité de cette activité oculaire laissait supposer qu'elle manifestait l'occurrence d'un phénomène particulier à l'intérieur du système nerveux central. En outre, les mouvements des deux yeux paraissaient conjugués. Enfin, lorsqu'on réveillait les dormeurs pendant les phases de mouvements oculaires rapides, et qu'on leur demandait s'ils avaient ou non rêvé, on obtenait une bonne corrélation : quatre-vingt pour cent de souvenirs de rêves pendant les épisodes de mouvements oculaires rapides, vingt pour cent de souvenirs de rêves en dehors de ces épisodes. Mais d'autres critères, objectifs, de l'activité cérébrale furent également utilisés, comme le rythme respiratoire.

Aux yeux d'Aserinsky et de Kleitman, ces phénomènes étaient les témoins d'un niveau particulier d'activité corticale. La corrélation nette entre ces phénomènes était la preuve de l'existence de processus particuliers au niveau cortical. Mais l'expression de niveau d'activité corticale n'est pas innocente. Le langage utilisé ici est un langage d'inspiration jacksonienne. Le rêve correspond à une dépression de l'activité intégratrice des centres supérieurs corticaux, démasquant l'activité de centres inférieurs dans l'organisation corticale. L'interprétation jacksonienne du fonctionnement cérébral, avec ses niveaux hiérarchisés, occultera longtemps la spécificité neurobiologique du phénomène du rêve.

En outre, chez Aserinsky et Kleitman, l'interprétation jacksonienne s'accompagne d'une théorie continuiste des états de conscience qui prend place à l'intérieur d'une vision d'ensemble des rythmes de l'activité biologique. Ainsi, lorsque Dement et Kleitman, en 1955, découvrent que l'activité corticale qui accompagne les mouvements oculaires rapides est une activité rapide et de bas voltage, ils interprètent cette activité comme correspondant à un sommeil léger. Cette conception s'accorde bien, d'ailleurs, avec la notion traditionnelle du rêve comme sommeil léger, ainsi qu'avec la vision freudienne du rêve comme gardien du sommeil. Dès lors, dans la classification des stades de sommeil, le stade d'activité corticale rapide découvert par Dement et Kleitman vient naturellement prendre place entre l'éveil et le sommeil à ondes lentes. Il devient un « stage one », un stade I, bref un stade de sommeil léger. Cette interprétation ne résistera pas à l'épreuve des faits.

Poursuivant l'analyse des mouvements oculaires, Aserinsky et Kleitman, en 1955, étudient et comparent les deux types de mouvements oculaires, lents et rapides, qui ont lieu pendant le sommeil. Seuls les mouvements rapides leur apparaissent conjugués (en réalité il y a des mouvements dysconjugués dans les mouvements rapides). Ils seraient donc le reflet de phénomènes actifs et dirigés. Ceci permet à Aserinsky et Kleitman d'énoncer l'hypothèse hardie que « les mouvements oculaires sont impliqués dans l'imagerie visuelle accompagnant le rêve »[5], hypothèse dont on discute encore. Cette hypothèse, dite du balayage (« scanning hypothesis »), fait de ces mouvements oculaires l'expression d'une observation de la scène onirique identique, dans ses mécanismes neurobiologiques, à l'activité oculomotrice d'observation de l'éveil. Lorsqu'Aserinsky et Kleitman assimilaient, par l'intermédiaire du concept jacksonien de niveau d'activité, le stade à mouvements oculaires rapides et le rêve, ils faisaient un usage global du principe du parallélisme psychophysique. Lorsqu'ils font l'hypothèse que ces mouvements oculaires constituent des mouvements d'observation, ils font un usage empirique local du parallélisme psychophysique, source de controverses qui ne sont pas encore éteintes.

Or, pour les chercheurs de l'école de Chicago, les choses allaient un peu se gâter. Cela vint du concept de « stage one ». En 1957, Dement et Kleitman publièrent une étude sur la corrélation entre l'électroencéphalographie et les mouvements oculaires. Ils soulignèrent qu'en réalité il y a deux stades I, l'un au début du sommeil, sans mouvements oculaires rapides, et un stade I avec mouvements oculaires rapides qui survient périodiquement au cours du sommeil. Au cours du second, le seuil d'éveil est augmenté par rapport au premier. Le premier correspondrait à une imagerie dite « hypnagogique » distincte du rêve proprement dit, lequel se produirait au cours du stade I à mouvements oculaires rapides. Il y a donc une dissociation entre les signes électroencéphalographiques et les autres signes des stades de sommeil. Les signes électroencéphalographiques ne sont pas entièrement dépourvus d'ambiguïté du point de vue de leur corrélat psychique et de leur association aux autres signes physiologiques du sommeil. Ainsi, Dement et Kleitman sont amenés à écrire : « un parallélisme conséquent entre niveaux de conscience et patterns électroencéphalographiques est difficile à établir mais peut exister »[6]. La dissociation du critère électroencéphalographique et des critères comportementaux (oculaire, végétatif, de mobilité ou d'immobilité du corps, de relation de son onirisme par le sujet lui-même) oblige l'hypnologue, pour conserver le parallélisme, à une dissociation équivalente des états psychiques. C'est ainsi que Dement et Kleitman déclarent que les critères comportementaux sont ceux des états de vigilance (« wakefulness »), et les critères électroencéphalographiques ceux des niveaux de conscience. Mais avec ce concept de niveau de conscience, on est toujours dans le cadre d'un schéma jacksonien, et le concept de sommeil paradoxal comme troisième état de vigilance n'a pu encore apparaître.

Dans ces recherches de l'école de Chicago, un grand nombre des problèmes, tant scientifiques qu'épistémologiques, posés par la neurobiologie du rêve sont déjà présents. Mais le but qui oriente les recherches de ces hypnologues est d'établir un parallélisme psychophysique aussi étroit que possible. Le parallélisme leur sert d'instrument interprétatif. Ceci soulève à son tour une question épistémologique sur l'usage que l'on est en droit de faire du parallélisme psychophysique et le niveau des phénomènes neurobiologiques auquel il s'applique. Un certain nombre d'interprétations liées à un usage fort du parallélisme se sont révélées discutables, comme l'hypothèse du balayage, ou erronées, comme le rêve sommeil léger de stade I.

Mais la procédure paralléliste par excellence pour établir la correspondance entre états physiologiques et psychiques est le réveil et l'interrogatoire des sujets. Cette procédure a occasionné de nombreuses controverses[7]. En effet, elle consistait dans la mise en relation d'une entité vulgaire mal définie, le rêve, avec une entité mieux définie à l'aide de critères objectifs, le sommeil à mouvements oculaires rapides, bientôt sommeil paradoxal. Il en est résulté un flou considérable, ainsi qu'une grande confusion, certains auteurs finissant par abandonner toute référence paralléliste, d'autres cherchant à la conserver par tous les moyens, en redéfinissant le rêve par rapport aux autres activités psychiques du sommeil et en sélectionnant les critères du sommeil qui pouvaient correspondre à ces caractères du rêve. Le problème posé par cette seconde attitude est que chaque fois que l'exigence paralléliste ainsi conservée était mise en défaut par l'expérience, il était toujours possible d'inventer une nouvelle catégorisation psychologique pour la sauver. Si bien que le philosophe peut difficilement échapper à l'impression de se trouver là devant une espèce de pensée fantasmagorique.

C'est ainsi qu'on s'est d'abord fondé sur le critère des mouvements oculaires pour comparer les récits obtenus lorsqu'on réveillait les dormeurs en phase avec et sans mouvements rapides, et pour classer ces récits selon certains critères. Puis, Aserinsky a fait remarquer que pendant le sommeil à mouvements rapides il existe des phases sans mouvements oculaires. Et il a proposé d'utiliser plutôt une distinction classique en physiologie, la distinction entre processus toniques et processus phasiques. Les processus toniques correspondent à un certain degré constant d'activité du système, les processus phasiques sont des processus discontinus et rythmiques. Il paraissait assez sage d'utiliser de préférence cette distinction parce qu'il existe des processus phasiques, des pointes PGO, en dehors des phases à mouvements oculaires rapides[8]. Cette distinction d'essence physiologique a été utilisée comme base d'une distinction dans l'activité psychique au cours du sommeil. C'est ainsi que Molinari et Foulkes, en 1969, ont cherché à montrer que les processus phasiques correspondraient à une expérience visuelle primaire et les moments dépourvus de processus phasiques à une élaboration cognitive secondaire. Cette distinction entre expérience visuelle primaire et élaboration cognitive secondaire, utilisée par des psychiatres, l'était d'ailleurs dans un contexte freudien, puisqu'elle correspondait à leurs yeux aux mécanismes de condensation et de déplacement de la métapsychologie freudienne. La tentative de superposer la temporalité des processus neurophysiologiques et celle des processus métapsychologiques (afin peut-être de mieux établir la réalité de ces derniers) a de quoi faire rêver par sa naïveté.

Il est clair que nous avons affaire ici à une psychologie de surface, qui, au fond, s'est agrippée au parallélisme psychophysique comme à son seul véritable guide rationnel et a cherché à en faire un usage empirique local. Or, les hypnologues français ont toujours été extrêmement méfiants vis-à-vis de toute explication paralléliste. Les travaux de l'école lyonnaise, en particulier, se situent dans un contexte très différent de celui de l'école de Chicago. En effet, à l'origine de ces travaux, il s'agit non de sommeil, mais de conditionnement, c'est-à-dire de l'étude de la réactivité et de la plasticité du système nerveux dans un contexte pavlovien. Dans la conception pavlovienne, c'est le cortex qui est le siège de cette plasticité traduite par le conditionnement, c'est lui qui voit s'établir des liaisons temporaires. Or dans les états de vigilance, dans l'éveil, dans l'éveil attentif, et finalement dans le conditionnement, intervient une structure, la formation réticulée mésencéphalique, dont le rôle a été mis en évidence par un neurophysiologiste américain, Horace Magoun, au Brain Research Institute à Los Angeles. Michel Jouvet a donc séjourné chez Magoun en 1955-56, et il y a étudié l'implication de la formation réticulée mésencéphalique dans les états de vigilance, le conditionnement et l'attention. Cette structure profonde qu'est la formation réticulée est un carrefour de nombreuses voies sensorielles. Jouvet a particulièrement testé l'hypothèse selon laquelle la formation réticulée mésencéphalique pourrait avoir une action inhibitrice sur les signaux afférents lors du phénomène de l'attention. La formation réticulée est le signe d'un mécanisme d'inhibition active, qui se manifeste par la diminution de l'amplitude des potentiels évoqués correspondant aux modalités sensorielles qui ne sont pas mises en jeu lors de l'attention.

Dans une problématique de ce type, le sommeil s'introduit de la manière suivante. Lors du conditionnement, la répétition trop fréquente des stimuli conditionné et absolu aboutit d'abord à la disparition du réflexe conditionné, puis conduit au sommeil. Ce phénomène est appelé inhibition supramaximale. Or un tel phénomène était en contradiction avec les théories passives du sommeil. C'est par cette voie que Jouvet a été conduit à l'examen expérimental des théories du sommeil et a cherché à établir une conception active, nécessitée par l'inhibition supramaximale, qui est une inhibition active. Jouvet se trouvait devant la polarité cortex-formation réticulée mésencéphalique ou structures superficielles-structures profondes. Kleitman n'étudiait pas les structures profondes. Jouvet, contrairement à Kleitman, est allé voir ce qui se passait en dessous du cortex, dans la formation réticulée mésencéphalique. Son geste a été d'implanter d'une manière chronique, à demeure, des électrodes dans le cerveau des chats, dans diverses structures, corticales et sous-corticales, et également dans les muscles de la nuque, parce qu'il avait besoin d'un témoin périphérique de l'activité nerveuse. Il faut souligner à quel point ces gestes de Michel Jouvet sont différents des gestes des hypnologues américains, Kleitman et ses élèves. Ces derniers restaient à la surface et étudiaient principalement le sommeil de l'homme à des fins cliniques. Les Français sont descendus dans les profondeurs et ont étudié l'animal. C'est de cette manière que Jouvet, en 1959, a découvert ce qu'il a d'emblée nommé phase paradoxale, phase caractérisée par l'association paradoxale de caractères différents. Il a observé non seulement l'existence de mouvements oculaires rapides et d'une activité corticale rapide, ce qui était déjà connu, mais également celle d'une atonie musculaire, d'une forte élévation du seuil d'éveil, ainsi que d'une activité électrique rythmique au niveau du pont[9]. Cette activité rythmique sera plus tard baptisée pointes PGO (ponto-géniculo-occipitales) par son élève Marc Jeannerod. En effet, ces pointes se propagent depuis le pont, par des voies anatomiques connues, par les noyaux genouillés latéraux qui sont des relais visuels, jusqu'à l'ensemble du cortex, et en particulier le cortex occipital ou visuel, dont elles modulent l'activité. La fonction de ces PGO reste actuellement l'une des énigmes les plus irritantes de la neurobiologie.

Il y a donc une phylogénie très différente des recherches de l'école de Chicago et de celles de l'école de Lyon. Le contexte français est celui de la neurophysiologie expérimentale. C'est dans ce contexte que s'est opéré un déplacement philosophique considérable du problème du sommeil et du rêve. En effet, dans ces recherches neurophysiologiques, le rêve est moins considéré comme l'activité psychique du dormeur que comme un comportement sui generis. Les travaux de l'école lyonnaise ont mis beaucoup moins l'accent sur l'interprétation des phénomènes superficiels ou périphériques en termes de parallélisme psychophysique, que sur une définition du processus neurobiologique global en termes comportementaux. Tel est, à mes yeux, le contenu philosophique de cette histoire. Ceci est particulièrement net dans un texte de Marc Jeannerod et Jacques Mouret, écrit en 1963, et assez prophétique. Les auteurs y critiquent, par divers arguments, l'hypothèse du balayage, et écrivent en conclusion : « Ainsi, si la phase rhombencéphalique de sommeil est presque certainement le support de l'activité onirique, les mouvements rapides des yeux qu'on y rencontre ne sont probablement pas en rapport avec l'imagerie visuelle du rêve, et leur signification demeure incertaine. En relation avec les autres phénomènes périphériques de la PRS : modification cardiorespiratoire, et surtout mouvements fins de la face et des membres, peut-être représentent-ils des ébauches de comportement bloqués par l'abolition du tonus musculaire de la PRS »[10]. Ce texte est véritablement divinatoire, non seulement d'un point de vue conceptuel ou philosophique, mais également pour ce qui allait suivre, c'est-à-dire précisément la découverte et la libération de ce comportement onirique chez le chat.

En effet, deux ans plus tard, en 1965, Michel Jouvet a trouvé le moyen de libérer ce comportement, de désinhiber son expression, ce qui a permis, par la suite, une étude systématique. Il a découvert ce moyen dans son investigation des structures anatomiques qui participent à la production de la phase paradoxale. Cette investigation était menée par les méthodes de lésion (de coagulation) ou de section (de transsection du tronc cérébral à divers niveaux) qui sont des méthodes classiques de physiologie expérimentale. Cette investigation a permis de localiser dans le *locus coeruleus*, qui est une structure pontique, la fonction inhibitrice qui produit l'atonie musculaire et est donc responsable de l'inhibition du comportement. La destruction sélective du *locus coeruleus* représente la mise hors jeu de l'inhibiteur et permet donc l'expression du comportement. Plus récemment, les comportements oniriques ont été systématiquement étudiés chez le chat[11]. Certains de ces comportements sont stéréotypés : orientation visuelle, affût, attaque, exploration, capture, peur, rage, léchage, mais il semble qu'il n'y ait jamais de comportement sexuel dans l'onirisme du chat. Plus récemment encore, un syndrome de comportement anormal pendant le sommeil à mouvements oculaires rapides a été observé chez l'homme aux Etats-Unis. Ce syndrome a été identifié à celui du chat porteur d'une lésion du *locus coeruleus*.

Le sommeil paradoxal forme donc un comportement virtuel qui est un comportement bloqué ou inhibé. La périodicité des comportements oniriques correspond à peu de choses près à la périodicité des activités phasiques du sommeil paradoxal, et plus particulièrement des pointes PGO. L'hypothèse d'une corrélation entre activité PGO et comportement onirique a donc été proposée. L'activité PGO est ascendante et sensorielle, le comportement traduit une activité descendante et motrice. La corrélation de ces deux activités se matérialiserait donc dans le fait qu'elles auraient une origine commune, située dans le pont, et longtemps baptisée « générateur pontique ». Michel Jouvet a longtemps cru que ce « générateur pontique » renfermait la source profonde, et en quelque sorte la cause première des divers phénomènes du sommeil paradoxal. Mais des arguments tirés principalement de la neurochimie et de la neuroendocrinologie ont obligé les neurobiologistes à abandonner cette idée.

Le chat porteur 'd'une lésion du *locus coeruleus* nous oblige cependant à concevoir une corrélation entre événements ascendants et descendants. Cette corrélation peut être interprétée de diverses manières qui, derechef, font ou ne font pas appel au parallélisme psychophysique. Si l'on utilise une version forte de l'hypothèse du balayage, en privilégiant l'aspect hallucinatoire de l'imagerie onirique, laquelle est balayée du regard, alors le comportement onirique moteur n'est qu'une conséquence de ce déterminant premier qu'est la représentation visuelle, et la manière dont cette représentation est corrélée à un comportement est similaire à celle qui a lieu dans l'éveil, lorsque le comportement est une réaction globale de l'organisme à un stimulus. En réalité, nous ne savons pas de quelle manière s'effectue cette corrélation sensorimotrice dans le rêve. Dans sa note sur le locus coeruleus et le comportement onirique, en 1965, Michel Jouvet a écrit ceci : « Les efférences motrices seraient mises en jeu parce que l'animal participerait avec sa sphère motrice aux événements cérébraux qui se traduisent normalement par l'imagerie onirique »[12]. Ces événements cérébraux sont ceux qui trouvent leur source dans le générateur pontique. Cette thèse est énoncée en dehors de tout cadre paralléliste, elle n'affirme pas que la corrélation sensorimotrice du rêve est du type de celle qui a lieu pendant l'éveil. Elle met plutôt l'accent sur le caractère endogène et spontané du fonctionnement du système nerveux central pendant le sommeil paradoxal. Elle déborde et contourne le parallélisme.

Une manière praticable de comparer l'activité du système nerveux central, particulièrement des systèmes visuel et oculomoteur, pendant l'éveil et le sommeil paradoxal est de se tourner vers l'électrophysiologie, et d'enregistrer l'activité électrique de différentes structures de l'encéphale à fonction visuelle et/ou oculomotrice pendant l'éveil et le sommeil paradoxal. On obtient de cette manière des renseignements très précieux, en particulier lorsqu'on analyse la forme des potentiels et les décalages temporels de l'activité entre différents étages. L'analyse électrophysiologique a permis de préciser les relations temporelles entre les phénomènes aboutissant à l'activation du cortex visuel et les phénomènes oculomoteurs proprement dits, aboutissant aux mouvements oculaires rapides. Cette étude a été une affaire très délicate. Elle a été menée à bien principalement par Marc Jeannerod. La chose s'est compliquée du fait de la mise en évidence de nouveaux phénomènes électriques, affectant les mêmes structures que les PGO proprement dites. Ces phénomènes liés aux mouvements oculaires de l'éveil ont d'abord été baptisés PGO d'éveil, puis Marc Jeannerod les a plus proprement dénommés potentiels de mouvements oculairs (EMP), et les a distingués par plusieurs caractères des PGO vraies[13].

L'étude des relations temporelles entre activité PGO et activité oculo-motrice a montré une corrélation étroite, renforçant l'idée d'une commune source pontique, d'où procèderaient à la fois l'efférence visuelle et l'efférence oculomotrice. Encore fallait-il comparer les phénomènes électriques liés aux mouvements des yeux entre l'éveil et le sommeil paradoxal. Ces phéno-mènes liés aux mouvements des yeux affectent les voies visuelles proprement dites, corps genouillés latéraux, radiations optiques, cortex visuel, et cela à partir des corps genouillés. C'est ainsi que pendant l'éveil, on enregistre au niveau des corps genouillés une première réponse (« potentiel évoqué ») à une stimulation rétinienne, puis, si l'oeil bouge pour observer, on enregistre à ce même niveau genouillé, dans un délai qui se compte en millisecondes, deux composantes dites tardives, qui constituent l'EMP proprement dit. Ces potentiels, provenant des noyaux oculomoteurs pontiques mais à destina-tion du système visuel proprement dit, auraient pour fonction d'informer le cortex visuel qu'un mouvement oculaire a eu lieu et par là d'assurer la stabilité du monde perçu. Ces potentiels seraient une « décharge corollaire » par rapport à la décharge oculomotrice, permettant la comparaison et l'inté-gration entre les événements oculomoteurs et visuels. Nous sommes ici dans le domaine d'interprétations de type cybernétique voire d'intelligence artificielle, permettant d'expliquer des propriétés apparentes de stabilité par des mécanismes neuronaux.

Ces potentiels de mouvements oculaires (EMP) sont caractéristiques de la veille mais peuvent également survenir dans l'obscurité. Leur allure est différente des PGO vraies. Leurs propriétés pharmacologiques ne sont pas les mêmes. En outre, ils possèdent des latences différentes de celles des PGO vraies entre le niveau des générateurs pontiques et le niveau genouillé. En étudiant ces différences, les neurophysiologistes avaient pour but d'établir la distinction de deux modalités d'intégration visuo-oculomotrice, l'une caractéristique de la veille, l'autre du sommeil paradoxal. Or, l'élec-trophysiologie des PGO vraies a montré, pendant le sommeil paradoxal, l'existence de potentiels de type EMP. Kazuya Sakaï et Raymond Cespuglio, qui ont effectué cette très belle étude, en ont tiré la conclusion suivante : « Il semble plausible que l'EMP du sommeil paradoxal soit relié à un proces-sus onirique, tel que l'activité de balayage de ce qui se produit durant le rêve »[14]. Ainsi, la similarité des EMP entre la veille et le sommeil fait revivre l'hypothèse (paralléliste !) du balayage. Caché dans l'illisible des PGO, on retrouve le lisible des EMP, dès lors interprétés comme l'indice d'un balayage de la scène onirique par un regard intérieur. S'interrogeant sur le rôle des activités EMP dans un système qui est fermé au monde extérieur, Cespuglio a écrit : « Il est possible, pour expliquer la présence de ces activités EMP pendant le sommeil paradoxal, d'avoir recours au contenu onirique lui-même ; en effet, il n'est pas exclu qu'une image onirique entraîne un comportement visuel « intérieur » nécessitant la visée ou la poursuite d'une cible imaginaire ; ces comportements s'accompagnent d'activités phasiques dont les caractéristiques sont celles des activités EMP »[15].

Ainsi, des EMP entrelacés avec les PGO seraient les signes d'un mouvement oculaire d'observation de la scène onirique. Ceci est une interprétation paralléliste, sous une version forte du parallélisme, qui fait intervenir l'activité psychique représentative comme cause déterminant les événements physiologiques subséquents d'une manière identique à l'état de veille. A l'appui d'une telle interprétation, qui n'est peut-être pas la seule possible, on peut avancer le fait qu'il y a une très forte proportion d'EMP dans les processus phasiques du sommeil paradoxal, ce qui pose un problème quant à la signification de leur présence. Ceci montre d'ailleurs à quel point le cheminement de la neurophysiologie est délicat et semé de pièges, à quel point l'interprétation est contestée et provisoire. Mais la signification du sommeil paradoxal peut être envisagée d'une manière plus globale.

*
* *

En effet, dans le sommeil paradoxal, le cerveau, totalement coupé du monde extérieur, est livré à une activité endogène intense, comportant des décharges rythmiques, les éclairs de PGO, qui affectent presque toutes les structures. En outre, l'expression comportementale normale du fonctionnement cérébral est inhibée. Que peut donc signifier un mode de fonctionnement purement interne du système nerveux central ? Michel Jouvet s'est particulièrement posé cette question, et pour y répondre, a émis une hypothèse spéculative, à la fois hardie et suggestive. Cette hypothèse réunit des arguments purement neurophysiologiques et des arguments plus généraux sur le déterminisme génétique inné du comportement animal. Selon cette hypothèse, le mode de fonctionnement cérébral singulier qu'est le sommeil paradoxal aurait pour fonction la reprogrammation des comportements de base de l'espèce ainsi que de l'idiosyncrasie génétique du système nerveux individuel. D'un point de vue purement neurophysiologique, cette hypothèse repose sur le fait avéré de la plasticité cérébrale synaptique, correspondant à la nécessité pour une synapse d'être constamment mise en jeu pour rester fonctionnelle. A cet égard, la conservation du déterminisme génétique de l'architecture microscopique des circuits cérébraux pose un problème délicat.

C'est en considérant ce problème que Jouvet a proposé, en 1978, l'idée d'une reprogrammation génétique périodique des synapses, reprogrammation qui serait le fait du sommeil paradoxal. Il écrivit : « C'est ainsi que l'activité corticale unitaire ou l'organisation des dendrites du cortex visuel peuvent être modifiées chez des chatons par l'occlusion prolongée des paupières ou que l'aspect architectonique ou enzymatique du cortex peut être altéré par l'isolement ou l'hyperstimulation sensorielle chez le rat. Il apparaît donc difficile de comprendre comment une programmation génétique définitive, établie à la fin de la maturation, puisse demeurer efficace pour organiser de futurs comportements innés en dépit des modifications plastiques synaptiques induites par l'environnement. En outre, la programmation génétique définitive des centaines de milliards de connexions synaptiques nécessiterait un nombre de gènes bien supérieur à celui qui existe dans le génome. Pour ces raisons, le concept d'une programmation génétique récurrente ou périodique apparaît plus satisfaisant. Ce processus périodique, endogène, maintiendrait, faciliterait, ou même pourrait induire les organisations synaptiques responsables de la reconnaissance des stimuli déclencheurs ou de l'expression des comportements stéréotypés qui expriment les conduites "innées" ou la part héréditaire de notre typologie »[16].

En raison de leur plasticité, la programmation génétique des synapses nécessiterait donc un processus récurrent. Jouvet a fait l'hypothèse spéculative que le sommeil paradoxal pourrait constituer le cadre et l'agent de cette reprogrammation périodique. Nous sommes ici au seuil d'une extraordinaire microphysiologie, qui est incontestablement la neurophysiologie de l'avenir et déjà du présent. L'hypothèse de la fonction reprogrammatrice du sommeil paradoxal est fondée sur le caractère strictement endogène de ce sommeil et répond à la question de la fonction d'un tel processus interne. Elle est aussi fondée sur l'observation que le sommeil paradoxal est quantitativement beaucoup plus important au cours de l'ontogenèse, lors de la maturation du système nerveux, que plus tard.

Les termes de programmation et de reprogrammation ont été introduits par divers auteurs. Il est nécessaire de les commenter. Si l'on s'en tient aux notions classiques de la biologie moléculaire, la fonction « programmatrice » ou « reprogrammatrice » du sommeil paradoxal serait plutôt de l'ordre d'une régulation dans l'expression du génome, elle concernerait l'expression du programme plutôt que le programme génétique lui-même. L'établissement des synapses serait sous la dépendance du génome — il y a en effet une spécificité biochimique des synapses — mais leur préservation serait sous la dépendance d'un fonctionnement particulier. Elle s'effectuerait à partir d'un centre qui émettrait des signaux, soit sous une forme hormonale, s'il est vrai que certaines hormones ont une action génomique, soit sous une forme électrique, et nous retrouvons ici le problème de la fonction des PGO.

L'existence de programmes moteurs préétablis dans le plan de câblage du système nerveux à différents étages de l'organisation cérébrale est un fait bien établi. L'activation de ces programmes aurait lieu d'une manière sélective, suivant la nature de la tâche à accomplir et l'intensité ou la rapidité de cette tâche. La mise en jeu sélective de ces programmes s'effectuerait par l'intermédiaire de structures spécialisées dans le système nerveux. Dans l'ontogenèse, la fonction des PGO serait de réactiver périodiquement et sélectivement ces programmes. Les programmes de comportement caractéristiques de l'espèce ont d'ailleurs une localisation pontique. Dans cette hypothèse, l'activation de séquences comportementales préprogrammées aurait lieu par stimulation électrique répétitive. Elle serait sélective, et devrait comporter en elle-même une certaine information caractéristique des circuits sélectivement activés. Soulignons que nous sommes ici dans un domaine entièrement spéculatif, qui est celui de l'interprétation informationnelle des processus centraux.

Ayant émis l'hypothèse que les PGO ont une fonction d'activation périodique et sélective des programmes comportementaux, Jouvet a donc prolongé sa spéculation par l'idée que les PGO contiendraient, dans leur structure d'occurrence temporelle, une information codée. Les PGO sont en effet des événements électriques rythmiques, isolés ou en bouffées, avec certains intervalles variables. On peut les considérer comme des suites d'événements ponctuels, et leur appliquer ainsi des outils statistiques appropriés. L'information contenue dans la structure d'occurrence aurait pour fonction aussi bien d'activer des programmes de comportement que de participer à la maintenance de structures sensorielles ou cognitives, en particulier au niveau du cortex. L'hypothèse que les PGO soient signifiantes par leur structure d'occurrence découle du caractère fréquentiel du code nerveux.

La recherche d'une information codée, recélée par la structure d'occurrence des PGO, n'a, jusqu'à présent, pas abouti. Plusieurs processus, statistiquement définissables, seraient à l'oeuvre dans l'occurrence des PGO. Une complexité interne devrait être reconnue à cette structure d'occurrence, correspondant à plusieurs niveaux de commande, non seulement pontiques, mais aussi corticaux, puisque la décortication modifie la structure d'occurrence. En outre, le contenu informatif, s'il existe, est d'autant plus difficile à mettre en évidence qu'il doit être relié à la capacité de décodage du récepteur, ce qui pose le problème des langages locaux. Comme l'a souligné Guy Chouvet, l'analyse interne des événements PGO n'est pas suffisante à elle seule, malgré sa difficulté, pour nous garantir que l'observateur ou l'analyste vont extraire de la structure d'occurrence des PGO ce qui est réellement significatif pour le décodeur neuronique. Un problème symétrique se pose au niveau du mécanisme de l'encodage. Aux yeux de Chouvet, le problème du décodage est plus facilement accessible à l'expérimentation neurophysiologique que celui de l'encodage, car le décodage aboutit à l'expression comportementale[17].

En tout état de cause, la question de savoir si les PGO recèlent une information codée ou si elles ne représentent qu'un phénomène de décharge aléatoire et d'activation non spécifique reste posée. Peut-être, dans l'hypothèse de Jouvet, y aurait-il une forme cachée de parallélisme psychophysique cherchant à relier, d'une manière ou d'une autre, les processus phasiques du sommeil paradoxal au contenu de l'expérience du rêve. A l'appui de cette hypothèse, il reste la corrélation forte entre les phénomènes phasiques du sommeil paradoxal et les comportements oniriques. Mais l'orientation comportementale donnée par Michel Jouvet à la neurobiologie du rêve, tout en s'inspirant d'un usage global du parallélisme psychophysique, s'accompagne en réalité d'une modification philosophique profonde du sens de ce parallélisme. L'approche du sommeil paradoxal en termes neurobiologiques ou comportementaux, et non exclusivement mentaux ou sensoriels, constitue un progrès considérable et modifie la philosophie du rêve, la définition du rêve comme état psychique, et la définition même du psychique, parce que cette approche met l'accent sur la spontanéité du fonctionnement du système nerveux central et par conséquent enlève à la dimension psychique une grande partie de sa fonction causale. C'est à un déplacement profond de la causalité des phénomènes oniriques que la neurophysiologie nous convie, lorsqu'elle va à la recherche d'une source biologique commune de l'activation corticale et des modalités fondamentales du comportement, d'une fonction biologique du rêve dans l'homéostasie du système nerveux central.

Claude Debru
Département de Médecine Expérimentale
Université Claude Bernard, Lyon

22

Je remercie Henri Joly, Pascal Engel et Jacques Lambert qui m'ont invité à présenter ce travail dans le Département de Philosophie de l'Université des Sciences Sociales de Grenoble en avril 1985.

1. Cf. C. Debru, « Sommeil et Causalité » in G. Benchetut et J. Demongeot, éds., *IVe Séminaire de l'Ecole de Biologie Théorique*, Paris, éditions du CNRS, 1985, p. 1.
2. G.W. Leibniz, *Nouveaux Essais*, in *Philosophische Schriften*, éd. Gerhart, t. V p. 103.
3. H. Piéron, *Le problème physiologique du sommeil*, Paris, Masson 1913.
4. N. Kleitman, *Sleep and Wakefulness*, Chicago, University of Chicago Press, 2e éd. 1963.
5. E. Aserinsky et N. Kleitman, « Two types of ocular motility occurring in sleep », *Journal of applied physiology*, 1955, *8* : 10.
6. W. Dement et N. Kleitman, « Cyclic variations in EEG during sleep and their relation to eye movements, body motility, and dreaming », *Electroencephalography and clinical neurophysiology*, 1957, *9* : 689.
7. Cf. G. Lemaine et al., *Stratégies et choix dans la recherche. A propos des travaux sur le sommeil*. Paris, Mouton, 1977, chap. 7.
8. Cf. E. Aserinsky, « Physiological activity associated with segments of the rapid eye movement period », in S.S. Kety, E.V. Evarts, et H.L. Williams éds. *Sleep and altered states of consciousness*, Williams and Wilkins, Baltimore, 1967, pp. 338-350.
9. M. Jouvet et F. Michel, « Corrélations électromyographiques du sommeil chez le chat décortiqué et mésencéphalique chronique », *Comptes-Rendus de la Société de Biologie*, 1959, *153* : 422-423.
10. M. Jeannerod et J.Mouret, « Recherches sur les mécanismes des mouvements des yeux observés au cours de la veille et du sommeil », *Pathologie-Biologie*, 1963, *11* : 1056.
11. J.P. Sastre, *Effets des lésions du tegmentum pontique sur l'organisation des états de sommeil chez le chat. Analyse des mécanismes des comportements oniriques*. Thèse de troisième cycle, Université Lyon I, 1978.
12. M. Jouvet et F. Delorme, « Locus coeruleus et sommeil paradoxal », *Comptes-Rendus de la Société de Biologie*, 1965, *159* : 899.
13. M. Jeannerod et K. Sakaï, « Occipital and geniculate potentials related to eye movements in the unanaesthetized cat », *Brain Research*, 1970, *19* : 361-377.
14. K. Sakaï et R. Cespuglio, « Evidence for the presence of eye movement potentials during paradoxical sleep in cats », *Electroencephalography and clinical neurophysiology*, 1976, *41* : 46.
15. R. Cespuglio, *Les phénomènes phasiques du cycle veille-sommeil chez le chat, le rat et la souris. Leur contrôle par le système du Raphé*. Thèse d'Etat ès Sciences, Université Lyon I, 1981, Discussion générale, p. 10.
16. M. Jouvet, « Le sommeil paradoxal est-il responsable d'une programmation génétique du cerveau ? », *Comptes-Rendus de la Société de Biologie*, 1978, *172* : 10.
17. G. Chouvet, *Structures d'occurrence des activités phasiques du sommeil paradoxal chez l'animal et chez l'homme*. Thèse d'Etat ès Sciences, Université Lyon I, 1981, p. 308-309.

PEIRCE LECTEUR DE BERKELEY : L'ESPRIT ET LES SIGNES*

Le pragmatisme de Berkeley est bien connu[1] : son souci de l'utile, de la pratique, conçus comme un rempart contre les spéculations oiseuses du rationalisme libre-penseur, mais aussi comme des critères pour une théorie de la connaissance et de la vérité, s'appuyant sur une analyse du fonctionnement du langage. Telles ne sont pourtant pas les raisons principales pour lesquelles, C.S. Peirce voit en Berkeley le véritable fondateur du pragmatisme moderne, et se considère comme son disciple[2] car l'on sait que la spécificité du pragmatisme peircien tient essentiellement en ces deux « idées force » : une certaine théorie de la pensée-signe, et l'affirmation de la vérité du réalisme scolastique[3].

Il y a bien un pragmatisme, au sens large, chez Berkeley, ainsi qu'une réflexion originale sur les signes : mais comment un nominaliste comme lui pourrait-il rencontrer un réaliste comme l'est Peirce sur le problème des universaux ? Toute la lecture de Peirce va consister à souligner que la théorie berkeleyenne de la signification comporte bien des aspects pragmatistes mais qu'elle échoue finalement à rendre compte des liens entre l'esprit et les signes, parce qu'elle demeure foncièrement nominaliste.

Sans doute cette lecture n'est-elle pas toujours fidèle ; mais elle permet de confirmer certaines ambiguïtés de l'analyse berkeleyenne, et de dégager peut-être les conditions de possibilité d'une véritable philosophie des signes.

---

* Ce texte est une version remaniée et étendue d'une communication présentée au Colloque *Berkeley* qui s'est tenu à la Maison française d'Oxford en septembre 1985, sous la présidence de Geneviève Brykman que je voudrais remercier ici.

I - LE PRAGMATISME DE BERKELEY AU SENS LARGE

Par pragmatisme de Berkeley, on entend le plus souvent l'attention du philosophe à la pratique, à l'utile, à tout ce qui, d'une manière ou d'une autre, que ce soit chez ses adversaires sceptiques ou libre-penseurs, ou dans les propres excès auxquels peut mener un examen trop « serré », suppose qu'on a franchi les frontières du détour théorique nécessaire, en perdant de vue les croyances du sens commun et la croyance religieuse tout court[4]. Tel est notamment le sens de l'attaque de Berkeley contre le formalisme en mathématiques comme en théologie (*Alc.* VII, 9, 12, 13) : si le but de la religion n'est pas d'établir des théories « subtiles » mais de « produire des saintes vies » (*Alc.* VII, 13), de même, la science doit être animée par des considérations utilitaires, voire hédonistes : on peut à bon droit la juger « excellente et utile », lorsque, par l'intermédiaire des signes, et par « le choix approprié et le maniement habile » qu'on en fait, elle « régit et dirige les actions humaines » (*Alc.* VII, 14 et 16). Ainsi entendu, le pragmatisme implique déjà une certaine conception de l'usage à faire des signes : le signe est simplement un instrument commode dépourvu de valeur intrinsèque (*Alc.* VII, 8), avant tout substitut, monnaie d'échange, semblable aux jetons dont on se sert à la table de jeu, et que l'on substitue à l'argent, « comme les mots le sont aux idées ».

Le pragmatisme de Berkeley peut aussi s'entendre comme la mise en place de tests empiriques permettant de vérifier le sens d'énoncés cognitifs : il consisterait alors surtout en une théorie de la connaissance et de la signification, proche d'une théorie vérificationniste ou opérationnaliste, telle qu'on la trouve chez Dewey ou C.I. Lewis[5], et dont les éléments seraient les suivants :

1/ la théorie de la connaissance recoupe une théorie de la signification : l'expérience sensible est en effet interprétée comme un ensemble de marques ou de signes d'expériences futures (*Princ.* 45).

2/ pour que l'énoncé ait un sens, il doit être explicitement rattaché à l'expérience sensible, en sorte que « le sens d'une expression ou d'un signe, ce sont ses conséquences empiriques spécifiables »[6]. D'où deux conclusions : analyser ces conséquences, ce n'est rien d'autre que se donner le sens du concept (cf. l'analyse de ce qu'est une « cerise » dans le Troisième Dialogue de la *Nouvelle Théorie de la Vision*). C'est pourquoi, dans la proposition : « ce dé est dur, étendu et carré », le mot « dé » ne « désigne pas un sujet, une substance, distincte de la dureté, de l'étendue et de la forme que sont ses prédicats et qui existent en lui ». Un dé « ne se distingue en rien de ces choses qu'on appelle ses modes ou accidents. Dire qu'un dé est dur, étendu et carré, ce n'est pas attribuer ces qualités à un sujet qui s'en distingue et les supporte : c'est seulement expliquer le sens du mot « dé » » (*Princ.* 49). Là où l'on ne peut fournir aucune de ces conséquences, alors, le concept n'a aucun sens : c'est là-dessus que repose la critique que fait Berkeley aussi bien de la matière comme *substrat* de l'étendue (*Princ.* 16) que de l'existence de corps qui existeraient en dehors de l'esprit (*Princ.* 20).

3/ Non seulement l'expérience peut être interprétée en termes de futur, mais la théorie de la connaissance empirique peut s'exprimer sous forme conditionnelle ou contrefactuelle[7].

Enfin, on parle du pragmatisme de Berkeley, à peu près au sens où l'on a pu parler du pragmatisme de Wittgenstein[8], par quoi on entendra, pour faire vite :

1/ l'idée que la majorité des problèmes philosophiques sont liés à la poussière ou au nuage des mots, en sorte que la philosophie est une thérapeutique qui permet moins de résoudre que de dissoudre les problèmes[9] ; en ce sens, la fonction de la philosophie est de dépoussiérage ou de clarification, de méfiance à l'égard des pièges du langage[10] : ne pas « s'en laisser imposer par les mots » : (telle est la maxime de Berkeley contre la libre pensée[11]), ni par la fascination qu'ils peuvent exercer sur nous.

2/ l'idée selon laquelle on doit principalement chercher le sens des mots dans leur *usage*[12], critique de l'illusion qui voudrait que le langage fût le lieu d'une correspondance terme à terme entre des mots et des idées ou des essences[13].

Si l'on en reste à ces trois acceptions, on entend finalement par pragmatisme de Berkeley, soit un état d'esprit, ou une orientation practicaliste, matérialiste ou hédoniste de sa pensée, que l'on oppose d'ailleurs le plus souvent à sa rigueur théorique, plus qu'on ne cherche à l'y intégrer, soit une attention particulière à une méthode d'analyse linguistique des problèmes philosophiques.

Or, les raisons pour lesquelles le fondateur du pragmatisme se considère comme l'héritier direct de Berkeley, sont plus profondément des raisons de *doctrine*, ce qui ne veut pas dire que le pragmatisme de Peirce n'intègre pas, peu ou prou, les différents éléments qui viennent d'être recensés, mais, paradoxalement, ce ne sont pas ceux que lui retient comme significatifs du pragmatisme de Berkeley (ni d'ailleurs, du pragmatisme tout court).

II - PEIRCE ET LE PRAGMATISME (AU SENS LARGE) DE BERKELEY

De nombreux textes attestent que Peirce conçoit bien le pragmatisme moins comme une doctrine[14] que comme une maxime de clarification conceptuelle et une méthode d'analyse logique : il en énonce les principes dans les deux articles publiés dans la *Revue Philosophique* : « Comment rendre nos idées claires », et « La Fixation de la Croyance »[15], et en spécifie les règles : « ne pas prendre la sensation produite par notre propre confusion mentale pour un caractère de l'objet auquel nous pensons » (5.398) et « ne pas prendre une simple différence dans la construction grammaticale de deux mots pour une distinction entre les idées qu'ils expriment » (5.399). Le pragmatisme peircien implique donc, négativement, une conception thérapeutique de la philosophie au sens indiqué plus haut. Positivement, il jette aussi les bases d'une théorie critériologique de la signification, aussi bien au sens d'une théorie empiriste practicaliste et vérificationniste[16] qu'au sens d'une épistémologie réaliste prenant en compte des énoncés contre-factuels et conditionnels (dispositionnels)[17]. Dans cette perspective, on retrouve des analyses très voisines chez Peirce et Berkeley, lorsqu'ils proposent de rendre compte des concepts de force ou de dureté par exemple[18].

Enfin, il y a également chez Peirce une critique virulente du cartésianisme et du scepticisme radical et une apologie du Sens Commun, Peirce se qualifiant lui-même de « partisan d'un Sens Commun Critique »[19].

Néanmoins, on sait aussi que Peirce a pris soin de se distinguer des interprétations courantes données du pragmatisme[20], et que, pour de nombreuses raisons qu'il serait trop long d'analyser ici, il refuserait une lecture vérificationniste[21] ou practicaliste[22], et ce en raison essentiellement de la position réaliste scotiste qu'il adopte par ailleurs sur le problème des universaux.

En outre, si l'on a pu, à juste titre rapprocher le pragmatisme de Wittgenstein et celui de Berkeley, il est d'autres points sur lesquels les analogies entre ces deux auteurs ne relèveraient pas, aux yeux de Peirce, du pragmatisme, dont :

1/ l'idée que d'une certaine manière, la philosophie n'aurait qu'à laisser les choses en l'état, le langage intervenant surtout à titre heuristique dans la mise à nu de ces problèmes : en d'autres termes, il y a plus qu'une philosophie du langage ou qu'une grammaire philosophique chez Peirce : la conviction qu'une *science* des signes est possible et qu'elle passe par la logique : en ce sens, disons d'emblée que Berkeley nous paraît ici plus proche de Wittgenstein, dans la mesure où Peirce n'aurait aucune confiance dans la possibilité de ramener la philosophie sur le terrain du langage ordinaire, ou de la réduire à des jeux de langage : pour Peirce, on ne peut pas « penser avec les savants et parler comme le peuple ». Le langage de la philosophie, notamment dans la mesure où il s'appuie sur la logique, mais aussi parce qu'il doit suivre les règles d'une éthique terminologique (« éviter d'employer des mots et des expressions du langage courant comme termes techniques en philosophie » (2.226)), ce langage est nécessairement technique, voire, si besoin est, scolastique.

2/ Le second point de rupture est encore plus net : si Berkeley partage en effet avec Wittgenstein la conviction que « le besoin de généralité est une maladie philosophique »[23], alors on voit mal comment la réflexion de Peirce qui affirme la réalité des universaux et qui appuie sa sémiotique sur le vague et l'indétermination intrinsèques de la signification pourrait rencontrer la réflexion berkeleyenne.

Pourtant, le paradoxe veut que ce soit sur la théorie des signes et de la métaphysique que la rencontre entre les deux auteurs — à en croire Peirce, tout du moins — doive se faire[24] : Peirce se serait contenté de suivre la méthode « non formulée » (6.481) de Berkeley dans son analyse de la pensée-signe, dans la « décomposition en ses éléments ultimes » qu'il propose du signe mais même dans l'adoption, jusqu'à un certain point de ce que, selon Peirce, on peut appeler le « réalisme » de Berkeley.

III - LA THÉORIE PEIRCIENNE DE LA PENSÉE-SIGNE

La théorie des signes est au coeur du pragmatisme peircien ; elle l'est aussi si l'on veut comprendre pourquoi Peirce a pu voir en Berkeley l'un des chefs de file du pragmatisme moderne : sans analyser dans le détail la sémiotique peircienne, il convient donc d'en rappeler les principes.

A - Il s'agit tout d'abord d'une analyse logique et catégorielle des signes, que Peirce appelle encore parfois une Grammaire Spéculative (terme qu'il dit emprunter à Duns Scot), et qui, en dépit de son formalisme et de ses classifications, ne doit pas être considérée indépendamment de la théorie de la connaissance et de la métaphysique que Peirce élabore dès 1868 dans les articles parus dans le *Journal de Philosophie Spéculative*. La thèse centrale de la seconde est le réalisme scolastique : « Jamais le pragmatisme n'aurait pu entrer dans la tête de quelqu'un qui n'eût pas été convaincu de la réalité des généraux » (5.503), celle de la première, que « toute pensée est en signes » (5.251 ; 5.470). Cette thèse est introduite à partir d'une critique menée à la manière scolastique, de l'intuition, de la conscience de soi, de l'introspection, et plus généralement, de « toute connaissance non déterminée par une connaissance antérieure ». Rejetant ce qu'il appelle « l'esprit du cartésianisme », Peirce répond ainsi aux questions qu'il a posées concernant certaines facultés que l'on prête à l'homme :

> « 1) Nous n'avons pas de pouvoir d'introspection ; toute notre connaissance du monde interne au contraire est dérivée par raisonnement hypothétique de notre connaissance des faits externes.
>
> 2) Nous n'avons pas de pouvoir d'intuition ; toute connaissance est déterminée logiquement par des connaissance antérieures.
>
> 3) Nous n'avons pas le pouvoir de penser sans signes.
>
> 4) Nous n'avons aucune conception de l'absolument inconnaissable » (5.265).

En d'autres termes, si la pensée ne se manifestait pas par des signes, dans l'extériorité, nous ne pourrions rien en dire ni rien en connaître. La seule pensée que nous connaissons ne peut donc être que la pensée par signes (5.252 ; 5.253).

B - Deux principes animent cette thèse de la pensée-signe ainsi définie : d'une part, ne pas réduire complètement le domaine du signe au domaine de la pensée, et d'autre part, ne pas réduire la pensée à la seule pensée *humaine*. En conséquence du premier principe, il arrive à Peirce de dissocier le concept de representamen de celui de signe : c'est ainsi qu'après avoir par exemple défini le signe comme « tout ce qui communique une notion définie d'un objet de quelque façon que ce soit », Peirce prend soin d'ajouter : « tous les signes communiquent des notions aux esprits humains, mais je ne vois aucune raison pour laquelle tous les representamen devraient le faire » (1.540), ce qui semble indiquer, entre autres choses que Peirce envisage la possibilité, à travers le representamen, d'une sorte « d'auto-suffisance du contenu »[25], abstraction faite de sa capacité à être utilisé pour communiquer effectivement quelque chose à quelqu'un.

En second lieu, si Peirce se refuse à réduire la pensée à la pensée humaine, c'est d'abord parce qu'il ne définit jamais la pensée en termes d'esprit ou de conscience de soi, mais étend très largement ce concept jusqu'à englober la matière inorganique : « la pensée n'est pas nécessairement reliée à un cerveau. Elle apparaît dans le travail des abeilles, des cristaux, et d'un bout à l'autre du monde purement physique » (4.551). Et c'est aussi parce que l'un des objectifs de la Grammaire Spéculative sera d'étudier et d'établir « ce qui doit être vrai des representamen utilisés par toute intelligence scientifique pour qu'ils puissent avoir un *sens* quelconque » (2.229)[26]. Ceci revient à analyser les lois de fonctionnement du raisonnement, lois qui peuvent parfaitement s'appliquer à des machines logiques, (dont on sait que Peirce avait entrepris d'en construire)[27].

Il faudrait néanmoins se garder de penser que Peirce réduit le mental au logique ou au physiologique, puisque, dans les textes mêmes où il essaie de poser les caractéristiques du mental, il dit avec force l'irréductibilité de celui-ci à ceux là : Les psychologues qui réduisent l'esprit à des états cérébraux font en effet une erreur fondamentale : ils omettent de tenir compte de la cause finale ou de l'intentionnalité, oubliant ainsi que le lien entre le cerveau et l'esprit n'est pas essentiel mais « accidentel » (7.366)[28]. De même, il faut se méfier des analogies trop rapides entre le raisonnement de la machine, ce qui se passe « dans le contexte cérébral » et le fonctionnement de l'esprit. Pourquoi ? Parce que « si nous souhaitons analyser les phénomènes mentaux, la meilleure manière est de le faire, non de l'intérieur, mais de l'extérieur, c'est-à-dire dans les signes et à travers l'activité sémiotique » (7.364).

S'il est donc vrai que Peirce rejette ou plus exactement considère comme superflu le recours à une conscience, à un esprit ou à un moi (ce « vulgaire mensonge dû à la vanité » (7.751), que l'on postule le plus souvent par erreur ou par ignorance (5.225, 5.237, 1.67 etc), dans l'explication du mental, cela ne signifie en aucune manière que Peirce évacue le mental de sa philosophie du signe : simplement, observer la manière de fonctionner du signe, dont la pensée n'est qu'une catégorie, est le moyen le plus sûr pour comprendre en retour les phénomènes mentaux et certaines de leurs caractéristiques irréductibles.

C - La pensée n'étant donc qu'une catégorie parmi d'autres de signes, quelle définition Peirce donne-t-il du signe, et comment analyse-t-il ensuite le processus sémiotique ?

Une double influence traverse et imprègne la conception peircéenne du signe[29] : celle de Boole, et parmi les scolastiques, celle essentiellement de Guillaume d'Ockham.

Des *Lois de la Pensée*, Peirce a retenu, non la partie anthropomorphique du projet « faire des investigations sur les lois fondamentales de ces opérations de l'esprit par lesquelles le raisonnement s'effectue », et en dernière analyse « rassembler à partir des divers éléments de vérité mis en avant dans le cours de ces recherches quelques suggestions probables concernant la nature et la constitution de l'esprit humain »[30], mais la tentative (chère à quelqu'un qui comme Peirce veut « examiner les produits de la pensée, les mots, les propositions, les arguments, directement » (Ms 351)), de donner à ces lois par lesquelles les opérations de l'esprit s'effectuent, « expression dans la langue symbolique d'un calcul »[31]. La grandeur de Boole ne consiste donc pas tant, aux yeux de Peirce, dans le mérite pratique que confèrent tous les symbolismes, que dans l'apport théorique de ce calcul qui permet de réfléchir sur les lois fondamentales du raisonnement, sans se soucier de savoir si cette notation est ou non le reflet de certaines facultés mentales (conception, attention ou imagination), mais en se servant de signes, et ce non pas comme formes d'expressions particulières, mais « tels qu'ils sont définis et compris selon leur fonction représentative », en leur donnant une « interprétation fixe » qui permet de « définir un univers de discours »[31 bis]. Il y a donc d'abord dans l'usage que fait Peirce du signe un réflexe de mathématicien, le réflexe de quelqu'un qui comme Boole, a commencé par « penser en symboles algébriques », se rendant compte que penser ce n'est pas forcément « se parler à soi-même »[32]. Une telle habitude de mathématicien, est celle-là même qui l'amènera à penser « en diagrammes », avec un seul regret : celui de ne pouvoir, en raison du « grand coût de l'appareillage que cela nécessiterait », « penser dans des images stéréoscopiques »[33].

Le recours de Peirce aux signes est donc d'emblée plus qu'une forme de commodité pratique : c'est l'idée que l'on doit pouvoir ériger cet usage en méthode, et c'est pourquoi, il écrira que « le pragmatisme est une philosophie qui devrait considérer le fait de penser comme une manipulation de signes pour envisager les questions » (*N.E.M.* III, I, p. 191).

C'est sans doute cet aspect des choses qui explique en partie l'enthousiasme avec lequel, dès 1864, le jeune Peirce se met à lire les médiévaux, et notamment Ockam : chez ce dernier, il retrouve cette habitude de penser sous la forme de signes :

> « De même que l'esprit de Duns Scot roule toujours sur des formes, de même, celui d'Ockham roule sur des formes logiques. Ockham pense toujours à un concept mental comme à un terme logique, qui au lieu d'exister sur le papier, ou dans la voix, est dans l'esprit, mais est de la même nature générale, à savoir un *signe*. Le concept et le mot diffèrent sous deux aspects : d'abord un mot est arbitrairement imposé ; en second lieu, un mot signifie indirectement à travers le concept qui signifie la même chose directement » (8.20).

Chez Ockham, Peirce trouve ainsi les moyens qu'il cherche pour faire une « analyse logique des produits de la pensée », puisqu'en utilisant des signes, on peut centrer l'analyse non sur ce qu'ils *sont*, à savoir, peut-être des sons, des marques, des états de l'âme, mais sur *l'usage* qu'on en fait en formant des énoncés sur des choses qu'ils ne sont pas[34]. Comme l'écrit Ockham, on se « sert des signes linguistiques pour signifier les choses mêmes qui sont signifiées par les concepts de l'esprit, de sorte qu'un concept signifie premièrement et naturellement quelque chose, et un mot parlé signifie secondairement (et seulement) conventionnellement »[35]. Peirce reprend cette définition mot pour mot dans *Sur une Nouvelle Liste de Catégories* :

> « Les objets de l'entendement... sont des symboles, i.e des signes qui sont potentiellement généraux. Mais les règles de la logique valent pour tous les symboles, ceux qui sont écrits ou ceux qui sont parlés ou ceux qui sont pensés » (1.559).

D'où une définition de la logique (ou sémiotique) comme « traitant des intentions secondes appliquées aux premières » (1.559) et l'affirmation que « chaque fois que nous pensons, nous avons présent à la conscience, quelque sentiment, image, concept ou autre représentation qui a le rôle d'un signe » (5.283). D'où enfin l'adoption par Peirce de la méthode ockhamienne appliquée au fonctionnement des signes au sein de la proposition, i.e. de la considération du signe à partir de sa *supposition* : que permet en effet celle-ci ? elle permet, en laissant de côté la *signification* du terme, de ne plus traiter le signe que sous l'angle de sa capacité, comme le dit Ockham, « d'être pris pour quelque chose en vertu de sa combinaison avec un autre signe du langage dans une phrase ou une proposition »(*Summa*, 1,64). En analysant le signe à partir de sa supposition (l'un des « termes techniques les plus utiles du Moyen-Age » (5.320 n 1), Peirce entend donc bien mettre l'accent, indépendamment des propriétés sémantiques qui s'attachent à la supposition, sur les caractéristiques plus formelles du signe, puisque, comme on a pu le dire, l'une des caractéristiques de la conception ockhamienne de la signification est d'avoir insisté sur la nécessité d'un retour à la conception ancienne de la logique comme *scientia sermocinalis*, dont la fonction était d'analyser la structure formelle du langage plutôt que d'hypostasier cette structure en une science de la réalité ou de l'esprit[36].

Si tel est bien le sens qui s'attache à la conception peircéenne du signe, comment comprendre à présent la manière dont s'effectue la relation-signe ? De façon générale tout d'abord, la relation signe opère une refonte complète de la relation traditionnelle entre sujet et prédicat. Le sujet, affirme

Peirce, est signe du prédicat. Cela veut dire premièrement qu'il ne s'agit plus d'une relation de *causalité*, mais d'une relation de terme à terme ; cela veut dire ensuite que cette relation ne se fait pas entre des termes absolus, mais entre des termes connotatifs, i.e. tels qu'ils « signifient une chose premièrement et une autre secondairement » *Summa Logicae*, ch. 5-9, pp. 56-59), et tels qu'ils ont une « définition nominale » (ibid. p. 70). En conséquence, de tels termes ne se réfèrent pas directement, mais indirectement ou obliquement à des objets individuels. Comme tels, ils signifient premièrement une signification et secondairement les objets individuels sur la base de cette signification : ainsi, lorsque Peirce dit dans la *Nouvelle Liste* que la même chose est dite par « le poêle est noir » et « il y a de la noirceur dans le poêle » (1.551), noir se réfère au poêle sur la base de ce qu'il incarne la noirceur. Noir se réfère premièrement à sa signification, la noirceur, et secondairement au poêle sur la base de cette signification. Sujet et prédicat ne sont donc pas des concepts mais en toute rigueur des *hypothèses* : « l'être est signifiant quand on le prend avec le prédicat, parce qu'ils représentent alors une manière par laquelle un divers ou un autre peut être rendu plus déterminé » (1.548). Ce que Peirce essaie encore d'expliquer sous la forme suivante :

> « Quand nous faisons une proposition, nous en *comprenons* le sujet, dans la mesure où le prédicat indique. Ainsi, quand nous disons : « l'homme est intelligent » nous avons une compréhension d'homme eu égard à son esprit » » et citant Abélard : « quand quelqu'un nous dit : « Socrate est rationnel », cela ne veut pas dire que le sujet est le prédicat, mais plutôt que Socrate est l'un des sujets ayant la forme qui est la rationalité » (2.415).

Nous pouvons dès lors mieux comprendre ce que Peirce veut dire lorsqu'il affirme que la pensée est un signe : la pensée est un signe dans la mesure où elle est susceptible d'être comprise comme étant mise pour (en *suppositio*) quelque chose d'autre. La pensée ne va donc pas tirer son sens d'un sujet ou d'un esprit, mais de la relation de signification qui se trouve ainsi instaurée : « la pensée est un signe qui renvoie non à un objet, mais à une pensée qui est son signe interprétant, celle-ci renvoyant à son tour à une autre pensée-signe qui l'interprète et ceci en un processus continu » (5.284). Soit le cas suivant :

> « Supposons par exemple que l'on pense à Toussaint l'Ouverture et qu'on pense à lui comme à un *noir*, mais non distinctement comme à un homme. Si cette distinction est ajoutée ensuite, c'est par le moyen de la pensée qu'un *noir* est un *homme*, c'est-

à-dire que la pensée subséquente, *homme* renvoie à la chose externe parce qu'elle est prédiquée de cette pensée antérieure, *noir* que l'on a eue de cette chose. Si nous pensons ensuite à Toussaint comme à un *général*, alors nous pensons que ce noir, cet homme, fut général. Et ainsi, dans tous les cas, la pensée subséquente dénote ce qui a été pensé dans la pensée antérieure » (5.285).

De tout ceci il ressort premièrement que le processus sémiotique est avant tout une relation à trois termes : un signe est une chose reliée sous un certain aspect à un second signe, son objet, de telle manière qu'il mette en relation une troisième chose, son interprétant, avec ce même objet, et ainsi de suite ad infinitum[37].

Le second trait marquant du processus sémiotique, est le traitement de l'objet lui-même comme signe. Comme l'écrit Granger, cela signifie qu'il « renvoie non pas à une chose isolée, mais à une structure symbolique dont il est lui-même un élément »[38]. En ce sens, tout référent est une sorte de cas limite fictif, déjà structuré par les règles du langage lui-même, puisqu'il est toujours saisi à partir d'un certain angle (le "ground") qui fait « éclater » l'objet dans la représentation, en une multiplicité d'aspects[39].

Enfin, la nature même de l'interprétant constitue l'originalité décisive de la théorie peircienne du signe : « la signification... est affaire non de relation de signe à objet, mais de relation de signe à interprétant »[40]. Très généralement, on peut dire que la notion d'interprétant correspond à celle de sens, puisque celui-ci est défini comme « l'interprétant... général entier » (5.179). (cf. 5.175 ou 2.293). Dans la relation triadique signe-objet-interprétant, le rôle de l'interprétant est un rôle médiateur, d'information, d'interprétation, ou plus exactement de traduction d'un signe dans un autre signe. « le sens d'un signe est le signe dans lequel il doit être traduit » (4.132). D'où son rôle fondamental dans la signification, puisqu'un « signe est seulement un signe *in actu* en vertu de ce qu'il reçoit une interprétation, i.e. en vertu de ce qu'il détermine un autre signe du même objet » (5.569) ou (5.473). Si l'interprétant est bien de l'ordre de la représentation, « un representamen qui est déterminé par un autre representamen » (5.138), il est essentiel de ne pas le réduire à une lecture intellectualiste ou psychologisante. Certes, Peirce définit l'interprétant comme « l'idée que fait naître le signe » (1.339), ou l'effet qu'il produit « dans l'esprit d'une personne ». Mais cela ne doit pas faire illusion. Comme il l'écrit à Lady Welby, c'est parce qu'il « désespère de faire comprendre sa propre conception élargie » qu'il introduit la notion de « personne »[41], rendant à l'avance injustifiée la lecture de

Morris. L'interprète n'est en effet jamais qu'un « quasi-mind » (4.536), puisqu'il n'est qu'un signe parmi les autres : « l'homme est un signe externe » (5.314). Ce que le concept d'interprétant met donc en relief c'est le caractère interprétable du signe, quel que soit le processus (psychologique ou physiologique) par lequel cette interprétabilité s'effectue. S'il est clair que cette interprétabilité du signe ou cette association signe-interprétant met en jeu la communauté d'une expérience entre un locuteur et un récepteur, cette expérience, comme le fait observer Granger « tout en enveloppant le savoir-faire linguistique, effectue sa totalisation aux niveaux les plus différents quant à l'abstraction, la richesse sensible, l'ordre ou la confusion, la précision ou l'à peu près. Mais c'est toujours une expérience qui ne se réduit jamais parfaitement à l'idée ou objet du signe dont nous avons dit qu'elle était structure »[42].

Il en résulte un dernier trait spécifique de la relation signe, telle que Peirce la définit : son caractère nécessairement indéfini et ouvert : de même qu'il ne saurait y avoir de signe isolé, i.e. « pas un seul signe sans relation avec un autre signe » (Ms 283), bref sans système de signes, de même, « un signe est tout ce qui détermine quelque chose d'autre, son interprétant à renvoyer à un objet auquel lui-même renvoie (son objet) de la même manière, l'interprétant devenant à son tour un signe, et ainsi de suite ad infinitum » (5.594). C'est pourquoi toute interruption dans la suite fait, par le fait même perdre au signe son caractère signifiant (2.92). « Tout symbole est une chose vivante, en un sens très strict qui n'est pas une simple figure de rhétorique. Le corps du symbole change lentement, mais sa signification croît inévitablement, incorporant de nouveaux éléments, et rejetant les anciens » (2.222). En d'autres termes, « l'interprétant n'est rien d'autre qu'une autre représentation qui reçoit, chemin faisant, le flambeau de la vérité ; et en tant que représentation, il a de nouveau son interprétant. On le voit bien c'est une autre série infinie » (1.339). Cette conception de la signification comme liée au développement incessant et créateur de ce que Peirce appelle la troisième catégorie (catégorie de la continuité, du sens, de la généralité et de l'intelligence), a pour corollaire l'idée que la pensée doit « vivre et se développer au travers d'incessantes traductions nouvelles et plus élaborées, sinon elle se révèle être une pensée inauthentique » (5.494).

IV - PEIRCE ET BERKELEY : L'ESPRIT ET LE SIGNE

« Je suis porté à croire, écrit Berkeley, dans l'*Alciphron* (VII, 16) que la Doctrine des Signes est un point de grande importance qui, dûment considéré, ne jetterait pas peu de lumière sur les choses et apporterait la solution juste et incontestable de maintes difficultés ».

On vient de voir l'importance, et c'est peu dire, que Peirce accorde aux signes, dont il dit dans une lettre que « le plus haut degré de réalité n'est atteint que par eux »[43]. Mais est-ce vraiment suffisant pour que l'on puisse prendre Peirce au sérieux lorsqu'il se considère, sur ce point précis, comme l'héritier de Berkeley ?

A - Le rapprochement est incontestablement justifié, si l'on réfléchit au statut décisif du signe dans la manière de concevoir le rapport entre la pensée et le réel. Au reproche d'idéalisme qu'on lui adresse, selon lequel sa conception du signe ne permettrait pas de rendre compte de l'objet réel de la pensée dans la mesure où « chaque espèce de signe sert à présenter des objets d'une espèce différente de ceux qui sont révélés par les autres signes » (6.339), Peirce répond en adoptant le point de vue de Berkeley : « il est impossible rétorque-t-il que ce à quoi nous pensons soit d'une nature différente de la pensée elle-même. Car la pensée qui pense et l'objet de pensée immédiat sont absolument la même chose, considérés selon des points de vue différents». Berkeley avait donc dans cette mesure, parfaitement raison (6.339). Son tort fut sans doute de ne pas avoir tenu compte des différences entre les objets de pensée, qui résident dans « la différence de leur mode d'être métaphysique » (par quoi, nous y reviendrons, Peirce distingue son idéalisme (conditionnel ou dispositionnel) de celui de Berkeley) ; en revanche, la théorie berkeleyenne de l'idée-signe est parfaitement correcte : Peirce rejoint donc Berkeley dans une critique commune du représentationnisme lockéen ou cartésien ; on ne doit pas analyser la relation entre pensée ou idée et chose en termes de causalité ou sur un modèle de représentation-spectateur, mais à partir de la relation fondamentale qu'est celle de signification :

> « La connexion des idées implique non la relation de cause à effet, mais seulement celle de signe à chose signifiée. Le feu que je vois n'est pas la cause de la douleur dont je souffre si je m'en approche ; il est l'indice qui me prévient de cette douleur » (*Princ.*, sec. 65).

Les idées étant les choses, il n'y a aucune raison de voir entre elles une différence de nature : les idées sont signes d'autres idées ; en d'autres termes, les idées sont des signes de signes. Telles sont notamment les conclusions développés dans la *Nouvelle Théorie de la Vision* concernant la vision, et qui seront appliquées à toutes les sensations dans les *Principes*, celles-ci devenant dans les deux premières éditions, « le langage universel de la Nature » et en 1737 « le langage universel de l'Auteur de la Nature ». Peirce reprend point par point en 1868 les analyses de Berkeley : la vision n'est pas immédiate mais inférée (5.219), et « les sensations que nous avons en voyant sont des signes des relations des choses dont l'interprétation doit être découverte inductivement » (8.36).

Si Berkeley peut être considéré comme le précurseur du pragmatisme, ce n'est sans doute pas parce qu'il faudrait espérer trouver chez lui (en dépit de quelques formules comme celles de l'*Alciphron*), les cadres d'une sémiotique aux classifications achevées, mais sûrement parce que, en un premier sens, Peirce voit la même remise en cause d'un certain modèle d'analyse des rapports entre la pensée et les choses ainsi qu'une réflexion déjà sur l'usage et l'extension possibles du signe, dès lors que celui-ci n'est plus renvoi à l'objet, mais à son tour à un signe, ad infinitum.

B - Mais il y a plus : car il y a aussi chez Berkeley, une analyse des conditions mêmes de la signification :

> « Pour qu'on puisse faire signifier à un petit nombre d'idées primitives un grand nombre d'effets et d'actions, il est nécessaire de les combiner diversement entre elles ; et pour qu'on les emploie de manière invariable et universelle, il faut que les combinaisons se fassent selon une règle, et d'après une habile organisation » (*Principes*, sec. 65).

> « Nous connaissons une chose quand nous la comprenons, quand nous pouvons interpréter ou dire ce qu'elle signifie. Certes nous percevons les sons par l'ouïe, et les caractères par la vue. Mais on ne peut pas dire par là que nous les comprenions » (*Siris*, sec. 253).

De la même manière, il ne suffit pas, selon Peirce qu'il y ait des signes, pour qu'il y ait signification : certes, il y a dans le signe lui même, ce que Peirce appelle des qualités matérielles (ou iconiques, i.e. de ressemblance formelle), des qualités indexicales (qui ont une relation physique à l'objet)[44]. Mais quelle que puisse être l'importance respective de ces composantes du signe, d'une part, il ne saurait y avoir d'indices totalement purs (2.306) ni d'icônes non symboliques (2.776 ; 2.779) ; en d'autres termes, les index ou les icônes ne sont pas des entités séparées, mais doivent être toujours pensés par rapport à une activité ultérieure de type « interprétatif » (4.447 ; 2.304), et d'autre part, pour qu'il y ait signification, compréhension ou semiosis, il faut que l'index et l'icône soient reliés à un symbole ou à un interprétant, car il n'appartient pas au signe de « faire connaître ni reconnaître l'objet » (2. 231). La relation de signification ou le « signifié du signe » (5. 473-475) exige donc la présence d'un interprétant, ou d'une « représentation médiatrice qui représente le relat comme représentation du même corrélat que cette représentation médiatrice elle-même représente » (1.553).

On objectera que le concept peircéen d'interprétant est sans doute assez éloigné de ce que Berkeley met sous le terme de combinaison ou d'interprétation, notamment parce que, pour Berkeley, celle-ci relève exclusivement d'une opération de l'esprit. Or, on l'a vu, l'originalité de la théorie peircienne de l'interprétant et de la signification réside en partie dans le fait que même si l'interprétant relève de la représentation, qu'il s'agisse d'une idée ou d'une image, Peirce ne le limite pas à un événement mental (d'où la variété des interprétants : affectif, dynamique, énergétique, logique ou final (habitude) (cf. 5.475-476)), et se refuse en tout cas à l'expliquer dans les termes d'une conscience ou d'un esprit. Peirce comprend d'ailleurs parfaitement l'importance de ce point chez Berkeley :

> « Quand je dis blanc, je n'irai pas aussi loin que Berkeley, et je ne dirai pas que je pense à une personne en train de voir, mais je dirai que ce que je pense est de la nature même de la connaissance » (5. 585).

Pourtant si Peirce ne paraît pas en définitive gêné par le « mentalisme » de Berkeley (dont on a pu dire qu'il le rangeait parmi les théoriciens classiques de la signification), c'est d'abord, parce que le mentalisme, bien sûr entendu sous une forme non psychologique, n'est pas totalement étranger à la perspective de Peirce, mais aussi en raison du silence relatif qui entoure, dans la philosophie de Berkeley la substance spirituelle, ainsi que le rôle qu'elle joue au sein de la relation de signification[45].

C - *Esprit et signification selon Berkeley* : on se souvient des difficultés que rencontre Berkeley dans sa définition de l'esprit : partant d'une définition de celui-ci comme ensemble passif de minima sensibles (*Carnet*, 301, 580, 581[46]), Berkeley refuse de donner tout autre sens à la notion de substance spirituelle :

> « Dites-vous que l'esprit est, non pas les perceptions, mais cette chose qui perçoit ? Je réponds que vous êtes abusés par les mots. *Cette* et *chose*. Ce sont des mots, vagues, vides, sans signification » (581).

On sait que Berkeley va modifier ce point de vue, mais on peut déjà voir en quel sens, dès cette première définition, il parvient à des conclusions sur l'esprit que ne désavouerait pas Peirce. A ce stade, Berkeley continue en effet à penser le rapport du langage et de la pensée en termes lockéens : un mot n'a de sens que s'il recouvre une idée ; aucun mot ne doit être utilisé sans une idée corrélative ; le sens d'un mot, c'est l'idée qu'il désigne (cf. 360, 362, 384, 427, etc). Or, note Berkeley, les choses pensantes ne peuvent être conçues comme des idées (536) ; les conclusions suivantes s'imposent alors : les mots concernant l'esprit ne peuvent avoir qu'un usage métaphorique (558) ; si l'esprit est une substance, ce n'est que comme simple ensemble de qualités et non comme substrat inconnu (529) ; nous n'avons pas d'idée de l'esprit (846), il n'est pas susceptible d'être connu[47]. En tout état de cause, que l'on n'ait pas de connaissance de l'esprit n'est pas un défaut de notre connaissance : ce qui est contradictoire est inconcevable (591-592). Au terme de cette première définition de l'esprit, Berkeley parvient ainsi au même type de résultat que celui auquel Peirce nous convie lorsqu'il présente la conscience comme une entité moins inexistante que superflue : l'antisubstantialisme premier de Berkeley est, selon nous, du même ordre (cf. 637).

Par la suite, et au terme d'un cheminement sur lequel on ne peut revenir ici, Berkeley parvient finalement à la conviction de la nécessité du maintien de la substantialité de l'esprit. Ce qui nous intéresse en revanche, ce sont les deux raisons principales qui vont l'amener à cette modification de point de vue :

1/ c'est tout d'abord, la découverte de ce que l'on a pu appeler sa seconde théorie du sens des mots, à savoir la découverte, d'une part qu'il peut y avoir des mots qui ne désignent pas des idées et qui pourtant ont un sens, et parmi ces mots, les particules (chez Peirce, les index) ou le mot volonté (661. 667)7) ; en sorte que, (et c'est nouveau en philosophie), c'est partiellement en partant de l'observation d'un fait linguistique irréductible que Berkeley reprend son analyse de l'esprit (et non l'inverse)[48]. Et c'est d'autre part la découverte qu'il y a dans le langage, un vague inéliminable et que l'on ne peut assimiler à un pur néant ; en sorte qu'il ne suffit pas, pour le réduire, de fixer le sens des mots. On s'embrouille dans les mots, et on ne peut presque pas l'éviter (658).

Est-il besoin de noter, que sur ces deux points au moins, on retrouve deux idées-force de la théorie peircienne de la signification, comme refus de réduire le sens des mots à leur relation avec une idée, mais aussi comme insistance sur la nécessaire prise en compte de l'usage dans la détermination du sens (cf. 736). Mais il y a, selon nous quelque chose d'autre, à quoi Peirce ne semble d'ailleurs pas avoir été attentif dans l'éloge qu'il fait de Berkeley, c'est la mise en lumière par ce dernier de l'importance du vague comme caractéristique, irréductible peut-être, de notre langage.

2/ La seconde raison pour laquelle Berkeley revient sur la question de la substantialité de l'esprit, c'est bien sûr aussi parce qu'il importe de mieux définir ce qui, à côté de la passivité perceptive, fait intervenir l'activité de l'esprit. Ici encore, il nous semble que par bien des aspects, cette redéfinition de l'esprit en termes de volonté, se rapproche de la description que Peirce donne du mental en termes d'habitudes, de dispositions à agir et de croyances : nous en indiquerons quelques uns :

a) La volonté est par essence activité (663, 672a, 673, 699, etc.)

b) Cette activité est définie dispositionnellement : « Tant que j'existe ou que j'ai quelque idée, je suis éternellement, constamment en train de vouloir : acquiescer à mon état présent, c'est vouloir » (791).

c) Enfin, c'est cette disposition à agir qui garantit la continuité de ma certitude concernant la possibilité d'actions futures, assurant ainsi une sorte de liaison avec les apparences. La note 777 est ici particulièrement importante :

« Pour être assurés ou certains de ce que nous ne percevons pas effectivement (je dis percevoir et non pas imaginer), il faut que nous ne soyons pas totalement passifs, il faut qu'il y ait une disposition à agir, il faut qu'il y ait assentiment, lequel est actif, et, que dis-je, il faut même qu'il y ait une effective volition ».

Cette description du mental, jointe à des énoncés directement phénoménistes (95, 185, 194 etc.[49]), non seulement donne un tour pragmatiste (au sens large) aux analyses de Berkeley, mais permet de comprendre pourquoi Peirce n'a pas vu dans le « mentalisme » de Berkeley, un véritable obstacle à ses réflexions sur le signe. Le passage que Peirce choisit de citer dans le long compte-rendu de l'édition Fraser est à cet égard éloquent. Il s'agit du paragraphe 14 de l'introduction aux *Principes* où, critiquant la théorie lockéenne des idées générales abstraites, Berkeley fait observer que la possession d'idées abstraites générales ne paraît pas avoir été indispensable à la communication, puisque de jeunes enfants, bien incapables de forger quelque chose d'aussi difficile ne semblent guère en peine pour communiquer entre eux. Un mot peut donc avoir un sens sans qu'on ait besoin d'une idée abstraite : la communication peut non seulement s'en passer, mais fait beaucoup mieux sans elle ; corollairement, il n'est pas besoin de supposer que sous chaque mot se tient une idée générale abstraite ni même une idée tout court. Peirce développe une thèse parfaitement analogue aussi bien en ce qui concerne l'apprentissage du langage chez l'enfant (5.229-234), que pour expliquer ce que signifie « savoir un langage » (7. 342 ; 7. 354 ; 7. 344).

En vérité, Peirce est surtout étonné ; pourquoi Berkeley n'est-il pas allé plus loin dans ses conclusions ? Par exemple, pourquoi n'a-t-il pas appliqué le même traitement à la substance spirituelle qu'à la substance matérielle ? Et pourquoi, n'a-t-il pas su éviter l'idéalisme, alors qu'il avait les moyens d'un idéalisme objectif ou dispositionnel, (ainsi que Peirce définit son propre réalisme) ? C'est la tentative de réponse à cette question et les reproches qui s'ensuivent qui nous permettent cette fois de mieux saisir les ambiguïtés de la théorie berkeleyenne, en même temps qu'ils nous aident à réfléchir à partir du cadre proposé par Peirce, aux conditions de possibilité d'une philosophie des signes.

V - NOMINALISME ET SIGNIFICATION

Qualifier Berkeley de nominaliste n'est certes pas original : ce qui l'est sans doute plus, ce sont les critères que Peirce juge, lui, caractéristiques du nominalisme de Berkeley, et les raisons qu'il avance pour expliquer pourquoi ce nominalisme est directement responsable de l'échec de la réflexion de Berkeley sur les signes.

A - Le nominalisme de Berkeley

En tout cas, ce n'est pas le fait de considérer la pensée comme un signe qui ferait de Berkeley un nominaliste : un réaliste scolastique admet tout autant qu'un « général est un terme et donc un signe » (5.470). Ce n'est pas la logique d'Ockham qui fait de lui un nominaliste, et on retrouve une théorie de la suppositio chez des auteurs aussi bien réalistes que nominalistes : d'ailleurs, pour Peirce, l'idéalisme berkeleyen le rapprocherait plutôt de certains aspects du réalisme scolastique, étant entendu d'une part que la querelle du nominalisme et du réalisme n'a « rien à avoir avec la croyance en des idées platoniciennes » (8.17) et que d'autre part, « toute réalité plus absolue que ce qui est pensé en elle est une fiction de métaphysique » (8.12). Le réel, pour un médiéval, (et Peirce adopte cette définition) n'est pas ce qui est indépendant de la pensée, mais ce qui est indépendant de la manière dont on la pense (8.12, 8.13) : la réalité est « simplement le produit normal de l'action mentale, et non sa cause inconnaissable » (8.15). En se qualifiant de « réaliste scolastique » et en soutenant que sa position implique un phénoménisme (8.15), Peirce montre simultanément qu'il ne confond pas l'immatérialisme de Berkeley avec un irréalisme, mais qui plus est, que tout réalisme authentique est en toute rigueur un idéalisme phénoméniste : Berkeley est simplement quelqu'un qui, selon Peirce, pense que « nous ne connaissons rien en dehors de l'esprit » (8.30), ce qui, paradoxalement, le rapproche donc du réalisme.

En revanche, Berkeley est nominaliste pour au moins deux raisons : d'abord parce qu'il n'appuie pas en dernière analyse l'indépendance de l'objet par rapport à la manière dont on le pense sur la régularité des connexions que lui enseigne l'expérience en général (en quoi finalement son « vérificationnisme » est sérieusement limité), mais sur le fait que la réalité des objets sensibles réside dans l'esprit divin sous forme d'archétypes : « ceci est platonicien, commente Peirce, mais ce n'est pas réaliste. Au contraire, puisque cela revient à situer la réalité entièrement en dehors de l'esprit, dans la cause de la sensation, et à nier la réalité aux choses sensibles dans la mesure où elles sont sensibles » (8.30). Ensuite, parce que Berkeley pense le problème de la dépendance des idées par rapport à l'esprit en termes finalement de *présence* ou *d'actualité*, ce qui est non seulement curieux, mais contradictoire : curieux, parce que si l'on soutient d'un côté que « la réalité d'une chose consiste dans son harmonie avec le corps des réalités, c'est un luxe parfaitement inutile de dire qu'elle cesse d'exister dès lors qu'on n'y pense plus » (8.30). (cf. 1.36, 37, 39, 7.344). Contradictoire aussi, puisque si l'on adosse une théorie de la connaissance à une théorie de la signification, alors, on doit l'envisager dans les termes d'une chaîne continue et ininterrompue des signes : par quoi l'on doit tenir compte non seulement de l'actuel, mais du virtuel et de l'habituel : le nominalisme discontinuiste de Berkeley est donc incompatible avec le fonctionnement de la relation-signe.

B - *Nominalisme et signification*

On connaît la solution de Berkeley à la théorie lockéenne de l'abstraction :

> « Si nous voulons attacher un sens aux mots et parler seulement de ce que nous pouvons penser, nous reconnaîtrons, je crois, qu'une idée qui, considérée en elle-même est particulière, devient générale quand on lui fait représenter ou signifier toutes les autres idées particulières de même espèce » (Intr. sec. 12).

Certes, la définition de Berkeley montre à juste titre que la généralité n'est pas détenue par des entités mentales ni obtenue par abstraction ; elle marque donc un pas hors du représentationnisme lockéen. Par ailleurs

Berkeley a raison de souligner ce fait sémantiquement important que ce n'est pas la détermination ou la précision des idées abstraites mais au contraire la possibilité pour un mot de signifier *indifféremment* un grand nombre d'idées particulières qui constitue le sens. Mais s'il innove par rapport à Locke, ce n'est pas vraiment le cas sur le second point, puisque sa définition du signe comme ce qui peut être mis indifféremment pour plusieurs autres choses, est finalement celle-même d'Ockam. En réalité, Berkeley est d'ailleurs encore plus nominaliste qu'Ockham, puisqu'il continue à dire que le signe doit être signe de plusieurs idées *particulières* : c'est aller plus loin qu'Ockham (que d'ailleurs Berkeley conteste dans sa première version de l'Introduction, en ce que celui-ci admet que nous « avons des termes généraux dans l'esprit »), puisqu'Ockham admet, jusqu'à un certain point, des « universaux dans l'esprit » (8.26). La conséquence de ce refus est qu'il ne peut « en aucune façon y avoir de pensée-signes universelles » (8.26n.9). Autrement dit, ce qui manque dans la théorie de Berkeley, c'est une analyse de la généralité au plan même des idées (Berkeley est parfaitement silencieux sur la manière dont il établit que des idées particulières sont de même *espèce*).

Or une telle conception est, aux yeux de Peirce, fatale à toute sémiotique, précisément parce que toute théorie des signes doit insister, non seulement sur l'indétermination radicale résultant de la *mise en rapport* des signes (là-dessus, Berkeley est d'accord), mais sur l'indétermination radicale ou ce que Peirce appelle encore le *vague* et la *généralité* irréductibles du signe *lui-même*[50].

CONCLUSIONS

Comment apprécier cette lecture par Peirce de Berkeley ?

Il n'est pas sûr tout d'abord que Peirce ait raison de reprocher à Berkeley de n'avoir pas été aussi loin qu'Ockham dans sa définition de la fonction dévolue au signe : car il semble bien que ce qui intéresse Berkeley dans le signe, ce n'est pas tant qu'il puisse représenter des idées *particulières* qu'il puisse les représenter *indifféremment*. Lorsque Berkeley critique la théorie lockéenne du sens des mots, l'un des éléments de cette critique repose bien sur la précision et la détermination des idées que Locke croit pouvoir mettre sous les mots : or le sens des mots paraît lié pour Berkeley, moins à la précision qu'à l'indifférenciation : ce qui importe, ce n'est pas la définition, c'est ce que le signe *représente*. Si le flou est trop grand, au besoin, une définition sera introduite pour fixer le sens « flottant ».

Cette indétermination de la relation de signification est accentuée par le fait que Berkeley n'assigne pas au langage une simple fonction d'information ou de communication : le langage est aussi orienté vers l'action, et c'est la raison pour laquelle on a pu dire qu'il y avait chez Berkeley une attention particulière aux effets perlocutionnaires du langage[51].

Peirce a raison de reprocher à Berkeley (8.33) ce que celui-ci oppose à Locke, à savoir, de soutenir une théorie du sens des mots en vertu de laquelle le sens serait déterminé par l'idée sous le mot ; il est bien vrai que Berkeley ne s'est pas toujours nettement départi d'une conception de ce genre. On en voit selon Peirce les effets dans l'incapacité où Berkeley se trouve à réfléchir sur la fécondité de certaines abstractions mathématiques[52]. C'est sûrement simplifier beaucoup la position de Berkeley sur ce point, d'abord parce ce que Berkeley critique cette théorie, ensuite parce qu'il va jusqu'à dire qu'il peut y avoir du sens là où il n'y a pas d'idée déterminée ni d'idée du tout, mais encore que dans certains cas, il vaut mieux simplement ne pas en avoir ; enfin parce que Berkeley reconnaît aux mathématiques le droit à un certain formalisme et son utilité[53].

Il paraît tout aussi peu fondé de conseiller à Berkeley, pour éviter les tromperies du langage de se fier au test practicaliste de la signification (8.33) :

> « Une meilleure règle pour éviter les tromperies du langage est la suivante : est-ce que les choses remplissent la même chose pratiquement ? Qu'on les fasse signifier par le même mot. Ce n'est pas possible ? Alors, qu'on les distingue ».

Berkeley suit souvent cette règle pragmatiste.

Néanmoins, si Peirce admire chez Berkeley la capacité de ce dernier à avoir réfléchi sur les différentes utilisations et classifications de signes, c'est parce qu'il a vu chez lui la prise en compte de la variété des signes et la conscience du parti à en tirer : par exemple, le rôle de l'image dans la pensée analogique et métaphorique (cf. l'importance de l'icône peircienne dans les diagrammes mathématiques), peut-être aussi une certaine conscience du rôle de l'index, dans les critères de vivacité et de contrainte que Berkeley introduit pour distinguer le réel et l'imaginaire.

Mais sans doute y a-t-il une certaine justesse dans l'appréciation finale de Peirce : il y a bien une certaine ambivalence dans les réflexions de Berkeley sur le signe, qui leur confère un aspect à la fois classique et moderne. Mais ce qui frappe Peirce, c'est moins cette ambivalence que la volte face opérée en définitive par Berkeley ; pour résumer, on pourrait dire que Berkeley passe (et pour Peirce, à cause de son nominalisme) d'une conception qui aurait pu être triadique de la signification à une conception dyadique, où l'on va directement de l'idée-signe à l'idée signifiée, au point que ce qui importe ce n'est pas l'idée de départ, mais l'idée d'arrivée : il est incontestable que la philosophie de Berkeley, notamment en son aspect apologétique suit cette voie ; le signe n'a finalement de sens, que parce qu'il exprime plus qu'il ne signifie, parce qu'il peut être lu (sans être interprété) dans les termes du langage (de la « grammaire », dit la *Siris*) de la Nature, et enfin, dans le langage de l'Auteur de la Nature ; pour qui voit dans la triadicité de la relation-signe et dans le caractère non clos et non circulaire de la relation deux caractères essentiels à toute sémiotique, une analyse comme celle de Berkeley ne peut paraître que rédhibitoire. Quelle que soit la position générale que l'on adopte sur ce point, on peut à tout le moins comprendre pourquoi Peirce a pu voir en Berkeley un précurseur du pragmatisme, en prenant soin de dire aussi qu'il ne fallait pas outre mesure le tirer dans le sens de la modernité :

> « Dans l'énumération des signes et de leurs usages, Berkeley manifeste une puissance considérable pour ce genre de recherches, même s'il n'y a naturellement pas beaucoup de ressemblance entre ses théories sur la question et celles des modernes » (8.36).

Claudine Engel-Tiercelin
Université de Rouen

1. Pucelle, introd. à *Alciphron*, Paris, 1952, p. 49 ; G. Brykman, *Berkeley, Philosophie et Apologétique*, Paris, Vrin, 1984, pp. 25, 229. L'auteur compte le pragmatisme comme l'un des éléments constants de la philosophie de Berkeley, p. 35. Voir aussi H.S. Thayer : *Meaning and Action : a critical history of pragmatism*, Cambridge, 1981, Appendice : « Berkeley and some anticipations of pragmatism », pp. 499-507.

2. Nombreux sont les textes où Peirce se dit l'héritier de Berkeley et reconnaît sa dette, voir notamment les articles de 1868 du *Journal of Speculative Philosophy* et surtout le très long et important compte-rendu qu'il fait de l'édition Fraser de l'oeuvre de Berkeley (8.738), traduction française in *Philosophie*, printemps 1984, pp. 4-24) où non seulement il analyse la question du réalisme et du nominalisme en la replaçant dans son contexte médiéval, mais fait un commentaire aigu de la philosophie de Berkeley avant de se réclamer, pour sa part, du réalisme scotiste. cf. aussi Ms 641, p. 18 : « N'importe quel critique compétent reconnaîtra en moi un disciple de Berkeley... la vérité du berkeleyanisme réside en ce qu'il fait reposer toute philosophie... sur le concept de SIGNE » (numérotation des manuscrits d'après le catalogue annoté de Robin, Amherst, 1967, cité par E. Moore, « The semiotic of Bishop Berkeley. A prelude to Peirce ? » *Transactions of the C.S. Peirce Society*, 1984, vol. XX, n° 3, pp. 325-341, p. 325). Cf. Ms 328, Ms 390, 5.219, 257, 300, 310, 371n, 412, 539, 11, 77n, 181, 6.7, 339, 416, 481, 482, 490, 1.19, 650, etc. *Collected Papers of C.S. Peirce*, Hartshorne, Weiss and Burks edits. Harvard, 1931-1958, 8 vol., cités par numéro de volume, suivi du numéro de paragraphe.

3. 5.423.

4. Cf. L'interprétation de Pucelle, op. cit. p. 49 et J. Largeault, *Enquête sur le Nominalisme*, Paris-Louvain, 1971, p. 197.

5. Cf. l'analyse de H.S. Thayer, op. cit. pp. 504-506, et Y. Michaud, « La formation de la problématique de la substance spirituelle chez Berkeley », *Revue de métaphysique et de Morale* 1974 n°1, pp. 63-83, qui parle d'un principe de vérification du sens des mots, p. 70.

6. Thayer, op. cit. p. 506.

7. Thayer, op. cit. p. 502-503. Nous verrons plus loin pourquoi une telle interprétation ne nous paraît pas possible (*Princ.* 30-31). Thayer prend prétexte de ceci pour rapprocher Berkeley du pragmatisme de Peirce : « ... nous apprenons (les lois de la nature) par l'expérience qui nous enseigne que telles et telles idées s'accompagnent de telles et telles autres dans le cours ordinaire des choses » (30) ; « ... ainsi, nous acquérons une sorte de prévision qui nous rend capables de régler nos actions pour le bien de notre existence » (31). Cf. sec. 59 et *Siris*, 252, où Berkeley parle de l'uniformité des lois comme d'une « grammaire pour la compréhension de la nature » et surtout 254 où il écrit : « comme la connexion naturelle des signes aux choses signifiées est régulière et constante, elle forme une sorte de discours rationnel ».

8. J. Bouveresse, *Le Mythe de l'intériorité*, Paris, 1978, chap. : « Des choses que l'on ne peut révoquer en doute ». Sur les analogies entre Berkeley et Wittgenstein, cf. Brykman , op. cit., pp. 57 sq et sur les limites d'un tel rapprochement, pp. 287-291.

9. et pour l'essentiel, la dissolution de ces embarras se fait par l'analyse du langage et de nos descriptions malencontreuses du monde ; cf. J. Bouveresse, *La parole malheureuse*, Paris, 1971, pp. 328-333.

10. Cf. la thèse du langage-toile d'araignée, ou prison, brouillard, poussière, voile des mots. Wittgenstein, *Investigations Philosophiques* §§ 119-309. Berkeley, 1ère Intr. *Works*, Luce & Jessop, 1948-1957, II, p. 141-142. D'où, comme le note G. Brykman « l'apologie du silence et le goût de Berkeley pour une vie à la Robinson Crusoë » (op. cit. p. 288) *Notebook A*, 566, 592, 607, 648, 727.

11. Cf. Wittgenstein, *Le Cahier Bleu*, Paris, 1965, p. 65 et *Invest.* §119.

12. On sait que ceci est un leitmotiv chez Wittgenstein : chercher un autre sens que l'usage c'est « essayer derrière le substantif de trouver la substance » (*Cahier Bleu*, p. 25). Cf. l'excellente mise au point de G. Brykman et les nuances à introduire dans le rapprochement entre les deux auteurs : certains textes de Berkeley vont bien dans ce sens (par ex. *Princ.* 49 et 97), mais le concept d'usage est souvent ambigu chez Berkeley qui ne distingue pas toujours usage-coutume (« usage ») et usage-utilisation (« use ») ou usage courant (pratique), op. cit. p. 286 ; en tout état de cause, le privilège accordé par endroits par Berkeley à l'usage sur le sens ne signifie pas pour lui l'abandon d'un certain mentalisme pour rendre compte du sens des mots (op. cit. pp. 289-293).

13. *Alc. VII, 8 ; VII, 14, Intr. Princ.*, §§ 19-20 ; il peut y avoir des mots non accompagnés d'idées. Cf. Wittgenstein, *Cahier Bleu*, pp. 85-89.

14. 5.423 et 5.464 : "a method of ascertaining the meanings of hard words and abstract concepts".

15. « Considérer quels sont les effets pratiques que nous pensons pouvoir être produits par l'objet de notre conception. La conception de tous ces effets est la conception complète de l'objet » (5.402) et 5. 438.

16. 5.539 : "Every proposition that is not pure metaphysical jargon and chatter must have some possible bearing upon conduct". 5.400 : "We shall be perfectly safe so long as we reflect that the whole function of thought is to produce habits of action, and that whatever there is connected with a thought, but irrelevant to its purpose, is an accretion of it, but is no part of it... we come down to what is tangible and conceivably practical as the root of every real distinction of thought, no matter how subtle it may be, and there is no distinction of meaning so fine as to consist in anything but a possible difference of practice".

17. Ceci est au coeur du pragmatisme réaliste, tel que l'entend Peirce, qui lui fait assigner une réalité au possible ou à ce qu'il appelle les "would be". Ainsi entendu, le sens d'un énoncé se ramène à la vérité d'une proposition conditionnelle générale. cf. 8.208.

18. Comparer ce que Berkeley dit par ex. sur la dureté du dé (*Princ. 49*, note 6, avec l'analyse que Peirce propose de la dureté en 5.403, ou l'analyse du concept de force en 5.404. Comprendre le sens de "force" , c'est comprendre quels sont ses *effets* et non ce qui se cache sous le terme.

19. Par là, il se dit d'ailleurs plus l'héritier de l'école écossaise du Sens Commun (Reid, Stewart), dont il se distingue néanmoins par son criticisme (5.497-537). Sur les critiques de l'« esprit du cartésianisme » et l'impossibilité du doute radical, voir surtout les trois articles du *Journal of Speculative Philosophy*, parus en 1868 : *Question Concerning certain faculties claimed for man*, (5.213-263), *Some Consequences of four Incapacities*, (5.264-317) et *Grounds of Validity of the Laws of Logic* (5.318-357). Traduction française par J. Chenu : *Textes anti-cartésiens*, Paris, 1984.

20. notamment en forgeant un nouveau terme, le « pragmaticisme », « suffisamment laid pour être à l'abri des kidnappeurs ».

21. Sur ce point on pourra consulter l'excellente mise au point de C. Chauviré : « La maxime pragmatiste et sa lecture vérificationniste », in *Le Cercle de Vienne : Enigmes et Controverses* - Soulez et Sebestik edits. Paris, 1986, et P. Skagestad : *Peirce's pragmatic Realism : The road of Inquiry*, Columbia, New York, 1981, notamment le chap. : « Pragmatism as a criterion of meaning », pp. 86-117.

22. Cf. 5.402, notes 2 et 3 où Peirce refuse que l'on réduise sa maxime à un principe de conduite ou d'action : ce serait, dit-il une interprétation « nominaliste, matérialiste et philistine » ; il insiste sur le fait que le sens du concept ne se réduit pas à l'action ni à la pratique, et que le pragmatisme (en témoigne le nombre de "conceive" dans la formule), s'intéresse seulement aux concepts intellectuels et non aux catégories psychologiques (5.467).

23. Brykman, op. cit. p. 288.

24. 6.481 et 5.470.

25. Cf. l'analyse de P. Thibaud : « La notion peircéenne d'interprétant », *Dialectica*, vol. 37, n° 1, (1983), pp. 4-33, p. 5.

26. Cf. J' Brock : « Peirce's conception of Semiotic », in *Semiotica*, (1975) 14 : 2, pp. 124-141.

27. C. Tiercelin : « Peirce on machines, self-control and intentionality », in *The Mind and the Machine : Philosophical aspects of artificial intelligence* ; S. Torrance edit. Chichester, Sussex, 1984, pp. 99-113.

28. Sur l'anti-réductionnisme peircien, cf. C. Engel-Tiercelin : « Que signifie : « voir rouge ? » Sur la sensation et la couleur selon C.S. Peirce », *Archives de Philosophie*, 1984, tome 47, cahier 3, pp. 409-430.

29. Pour plus de précisions, nous renvoyons à C. Engel-Tiercelin : « Logique, psychologie et métaphysique : les fondements du pragmatisme selon C.S. Peirce », *Zeitschrift für allgemeine Wissenschaftsstheorie*, XVI/2 (1985), pp. 229-250).

30. *An Investigation into the Laws of Thought*, (1854), New York, 1954, ch. 1, §1, p. 1.

31. Ibid.

32. *N.E.M.* III, I, p. 191 (L.231) *The New Elements of Mathematics* (N.E.M.), (4 vols), Mouton, La Hague, 1976 ; ajoutons que cette habitude est acquise de longue date, sous l'influence de son père, le mathématicien Benjamin Peirce (2.9) . Cf. l'étude de C. Eisele : « Semiotician in Mathematics and the History of science », in *Studies in the Scientific and mathematical philosophy of C.S. Peirce*, Mouton, 1979, pp. 300-307.

33. *N.E.M.* III, I, p. 191.

34. Cf. Ernst Moody : *Truth and Consequence in Medieval Logic*, Amsterdam, 1953, p. 18.

35. Ockham - *Summa Logicae*, Part. I, 1, trad. M. Loux : *Ockham's theory of terms* Notre Dame 1974, pp. 49-50 (on the term in general).

36. Cf. E. Moody, op. cit. p. 6 - Incidemment, ceci permet de comprendre pourquoi, tout en suivant de près l'analyse d'Ockham dans la *Summa Logicae*, Peirce n'endosse pourtant pas le nominalisme de celui-ci en théorie de la connaissance ou en métaphysique et se déclare dans le même temps plus proche du réalisme de Duns Scot.

37. G. Granger : *Essai d'une philosophie du style*, Paris, 1968, p. 114.

38. Granger, op. cit., p. 115.

39. P. Thibaud, art. cit. p. 7, consulter aussi P. Thibaud : « la notion peircéenne d'objet d'un signe », in *Dialectica*, vol. 40, n° 1 (1986), pp. 19-43.

48

40. (Lettre à Lady Welby du 14/3/1909, in I.C. Lieb *C.S. Peirce 's Letters to lady Welby*, New York, 1963, p. 34.

41. *Semiotics and significs : The Correspondance between C.S. Peirce and Victoria Lady Welby*, Bloomington, 1977, p. 111. Cité par Thibaud, art. cit. p. 6, qui conclut excellemment : « L'interprétant peircéen, dans sa version la plus large, ne saurait donc être limité à un pur événement mental ».

42. Granger, op. cit. p. 115.

43. A. Welby, lettre du 12 oct. 1904, reproduite par G. Deledalle, in *Ecrits sur le signe*, Paris, 1978, p. 21.

44. Pour plus de détails sur l'icône, l'index et le symbole, consulter notamment C. Chauviré, *Peirce, le langage et l'action,* - *Les Etudes Philosophiques*, 1979, vol. 1, p. 3-17).

45. On relira sur tout ceci l'excellente analyse de Y. Michaud, art. cit. dont nous reprenons dans ce qui suit, les conclusions.

46. Nous suivons la numérotation de l'édition Luce et Jessop, 9 vol. Londres, 1948, et la traduction française de G. Brykman et Beyssade, in *Berkeley, Oeuvres*, vol. 1, P.U.F., Paris, 1985.

47. Y. Michaud, art. cit. p. 70.

48. Michaud, art. cit. p. 73.

49. par ex. *Carnet* 95, 185, 194, cf. G. Brykman, op. cit. pp. 135-140.

50. C'est ce que Peirce appelle sa « logique du vague », une logique qu'il dit « avoir élaborée presque complètement » et qui est en fait mise en place dès 1867. Voir surtout 2.391 - 6 - 5. 505-6-8, 6.348 et la *Notation sur la Logique des relatifs* où Peirce dit que tout terme est susceptible de division logique à l'infini (3.93). Cette logique du vague et ses implications métaphysiques font incontestablement l'originalité du réalisme peircien. La place nous manque pour développer ce point capital. Nous nous permettons de renvoyer à « Le vague est-il réel ? Sur le réalisme de Peirce », *Philosophie*, n° 10, 1986, pp. 69-96.

51. On ne parle pas uniquement pour se faire comprendre, mais pour faire croire et faire agir l'interlocuteur. Cf. Brykman, op. cit. p. 285, pp. 299-301. Voir surtout le texte de la première version de l'introduction des *Princ.* cité p. 300.

52. Allusion aux critiques formulées par Berkeley aux mathématiciens sur leurs abstractions in *Analyste*, Qu. 64, 63, 55 et *Alc.* VII, 9, VII.13, VII.10.

53. *Alc.* VII.10 - Pensons par ex. au privilège accordé par Berkeley à l'algèbre, celleci étant signe à double titre, puisque les lettres qui le composent sont des noms de noms (*Alc.* VII.17). Cf. Largeault, op. cit. p. 201.

L'INDIVIDUATION DES ETATS PSYCHOLOGIQUES ET LE STATUT DE LA PSYCHOLOGIE POPULAIRE

Pour les détails, si on s'intéresse aux détails, il n'y a pas à se désespérer, on peut finir par frapper à la bonne porte, de la bonne manière. C'est pour l'ensemble qu'il ne semble pas exister de grimoire.

S. Beckett

1. INTRODUCTION

Les notions de désir et de croyance occupent une place privilégiée dans notre façon habituelle de comprendre et de rationnaliser les actions de nos semblables. On imagine spontanément que les comportements des autres résultent normalement d'une interaction entre leurs désirs (ou leurs préférences) et leurs croyances. Par exemple, si Mathieu croit qu'il pleut et qu'il y a un parapluie disponible à proximité, et s'il désire sortir sans être trempé, on comprend aisément qu'il prenne ce parapluie. Son comportement ne semble exiger aucune autre explication, dès lors qu'on est en mesure de lui imputer des croyances et des désirs appropriés. Pour autant qu'on reste dans les limites du sens commun, c'est là un type d'explication parfaitement acceptable et familier. La question controversée est celle de savoir si une psychologie « cognitive » scientifique pourrait légitimement se prévaloir du même type d'explication des comportements en termes d'états intentionnels.

Cette question comporte, *à première vue*, deux aspects principaux. Le premier concerne le statut des principes de la psychologie populaire, c'est-à-dire le statut des généralisations invoquées dans l'explication des actions et tendant à préciser le mode d'interaction des états intentionnels dans la production du comportement. Ce sont des principes tels que : « Si une créature désire que p si q, et si cette créature acquiert la croyance que q, alors elle formera le désir que p », ou « Si une créature croit que si p alors q, et si cette créature acquiert la croyance que p, alors elle formera la croyance que q ». Il s'agit alors de savoir si, comme le pensent par exemple Churchland (1981) et Stich (1983), tous les principes de ce genre doivent être considérés comme des hypothèses empiriques, ou si certains d'entre eux n'ont pas, comme le pensent par exemple Dennett (1978) et Davidson (1981), une validité normative et/ou *a priori* qui les mettrait à l'abri de toute réfutation empirique. Cet aspect de la question ne sera pas directement traité dans cet article. Je m'attarderai plutôt au second aspect, qui concerne la question de savoir si les notions mêmes de croyance et de désir (et celles qui leur sont apparentées) sont propres à un usage descriptif : c'est-à-dire, si elles peuvent être utilisées pour formuler des énoncés ayant un « contenu objectif ». En d'autres termes, il ne s'agit pas de s'interroger sur le statut des principes qui sont susceptibles de régler l'interaction des états intentionnels, mais de se demander si les attributions élémentaires d'états intentionnels spécifiques renvoient elles-mêmes à des « faits », ou à quelles conditions « objectives » on peut légitimement attribuer une croyance ou un désir particuliers à une créature. Cet aspect du problème concerne donc la nature des états intentionnels et non leurs interrelations.

Poser la question sous cette forme, c'est finalement se demander si les attributions d'états intentionnels ont des conditions de vérité, et lesquelles. On voit par ce biais comment la question de savoir si les états intentionnels sont des entités scientifiquement légitimes rejoint le problème de l'interprétation sémantique des attributions d'état intentionnel du langage ordinaire. Mais il n'est malheureusement pas possible de s'en remettre à la théorie sémantique pour élucider la notion d'état intentionnel.

Quand un locuteur énonce une phrase comme
(1) Mathieu croit qu'il pleut
il utilise une phrase du français, à savoir
(2) il pleut
pour identifier une croyance de Mathieu. Pour que son attribution de croyance soit vraie, est-on tenté de dire, il faut que Mathieu soit dans une certaine relation avec le sens de cette phrase, ou du moins avec le sens dans lequel le locuteur utilise cette phrase en énonçant (1). Mais la notion de sens est au moins aussi équivoque et problématique que celles de croyance et de désir, et surtout, on ne sait pas en général s'il est correct de faire reposer

l'explication de la notion de croyance sur celle de la notion de sens, ou s'il ne faudrait pas au contraire expliquer la notion de sens en invoquant celle de croyance, puisqu'il semble bien que ce qu'un locuteur veut dire en énonçant (littéralement) une phrase soit cela même qu'il croit lorsqu'on peut véridiquement utiliser cette phrase pour lui attribuer une croyance. Donald Davidson souligne volontiers cette interdépendance apparente des notions de sens et de croyance. Comme la notion de croyance joue un rôle fondamental dans l'explication « naïve » des actions il s'en suit, dans la perspective ouverte par Davidson, qu'il faut rechercher une théorie unifiée de l'action, de la croyance et du sens, et rien de moins.

Je pense que cette attitude se fonde sur une intuition juste, mais qu'elle n'est pas sans équivoques, et qu'une fois levées ces équivoques il pourrait être possible de réhabiliter, sous une forme nouvelle, un programme de recherche traditionnel qui prétendait fonder une explication de la notion de sens sur une explication de celle d'état intentionnel. En d'autres termes, il se pourrait qu'on puisse dégager un sens dans lequel la philosophie de l'esprit est plus fondamentale que la philosophie du langage, sans pour autant justifier une position réductionniste.

Mon objectif dans cet article est donc de montrer, ou du moins de suggérer, que les attributions d'état intentionnel sont systématiquement ambiguës et d'indiquer ensuite quelques conséquences *apparentes* de cette situation pour le statut de la psychologie populaire et le programme sémantique de Davidson. Plus précisément, je me propose de montrer qu'il y a *au moins* quatre façons distinctes d'individuer ou d'identifier les états intentionnels, dont chacune correspond à une façon légitime d'utiliser les attributions d'état intentionnel. Une bonne partie de la discussion consistera à tenter de dégager les caractéristiques générales des différents types d'états intentionnels identifiés.

2. NOTIONS PRÉLIMINAIRES

J'ai souligné qu'un locuteur qui attribue une croyance à un sujet au moyen d'une phrase en style indirect entend normalement affirmer que celui-ci est dans une certaine relation avec le sens de la complétive qu'il utilise pour identifier cette croyance. Ainsi, se demander à quelles conditions une phrase comme (1) peut être énoncée (littéralement et) véridiquement revient à se demander quelle relation il doit y avoir entre Mathieu et le sens (littéral) de (2) pour que celle-ci puisse être utilisée pour identifier une croyance de Mathieu.

Selon une doctrine traditionnelle (mais redevenue populaire depuis une quinzaine d'années et) qui me servira de point de départ, cette relation doit consister dans le fait que Mathieu ait une représentation qui occupe un rôle fonctionnel d'un certain type (caractéristique de la croyance) et qui signifie que (2). La popularité relative de ce genre de doctrine tient incontestablement à son imprécision et à son extrême généralité. J'essaierai maintenant d'en proposer une interprétation plausible.

La première chose à remarquer c'est qu'il doit être suffisant, pour déterminer si une créature a telle ou telle représentation à un moment donné, de la considérer indépendamment de son interaction avec son environnement. En d'autres termes, avoir une représentation, au sens où je souhaite utiliser ce terme, est une propriété interne (i.e., « solipsiste », « étroite ») d'une créature, c'est-à-dire une propriété qui peut être spécifiée sans faire référence à l'environnement. Cela implique apparemment qu'à chaque créature (capable d'avoir des états intentionnels) doit correspondre un système de représentations, auquel on peut penser comme à un système syntaxique (i.e., une langue purement formelle) dont les phrases seraient à l'occasion réalisées (i.e., encodées) physiquement dans la créature. Cela revient simplement à dire que des parties de la créature peuvent éventuellement être considérées comme des inscriptions de phrases de ce système syntaxique, parce qu'elles ont la structure requise[2]. Il est à noter que deux inscriptions de la même représentation ne partagent pas nécessairement toutes leurs propriétés physiques, i.e., qu'elles peuvent réaliser la même structure formelle sans être physiquement *type*-identiques. La même représentation pourra par exemple être réalisée tantôt chimiquement, tantôt électriquement ou mécaniquement, etc... particulièrement si on a affaire à deux créatures qui partagent le même système de représentations (quoique rien n'interdise que la même représentation soit encodée sous différentes formes dans la même créature, même simultanément).

Il ne fait aucun doute que la découverte du système de représentations d'une créature (si un tel système existe), doit tenir compte des relations de celle-ci avec l'environnement et soulève de ce fait un problème méthodologique considérable[3], mais que j'ignorerai dans cet article. Je me contenterai de supposer qu'un tel système existe et a été identifié pour chaque créature.

Le comportement d'une créature à un moment donné est déterminé (pour ce qui nous concerne ; car les états qui ne sont pas des représentations peuvent aussi être pertinents) par l'ensemble et l'organisation des inscriptions qui y sont réalisées à ce moment, qui sont à leur tour déterminés par les stimuli qui sont enregistrés à ce moment. Autrement dit chaque inscription d'une créature contribue à déterminer la façon dont celle-ci répond à ses stimuli, et c'est cette contribution qui constitue ce qu'on appelle son rôle fonctionnel (ou causal). Le rôle fonctionnel d'une inscription correspond ainsi, intuitivement, à l'ensemble de ses relations causales avec les stimuli, les réponses et les autres inscriptions de la créature. Cette brève caractérisation doit maintenant être précisée de diverses manières.

On notera d'abord que la notion de rôle fonctionnel peut s'entendre de façon solipsiste ou non-solipsiste (i.e. étroite ou large), selon que les stimuli et les réponses sont conçus comme des modifications de la créature (par exemple, comme des excitations des surfaces sensorielles ou des extrêmités motrices) ou comme des éléments de l'environnement. C'est du rôle fonctionnel au sens solipsiste qu'il s'agit dans ce qui suit. D'autre part, une inscription est un particulier, qui a été causé par certains stimuli et certaines autres inscriptions et qui causera (normalement) des réponses et de nouvelles inscriptions. Cette histoire causale d'une inscription (i.e. la série de ses causes et de ses effets réels) ne doit pas être confondue avec son rôle fonctionnel, qui est une propriété dispositionnelle et englobe l'ensemble de ses relations causales possibles (c'est-à-dire, essentiellement, l'ensemble des effets qu'elle pourrait avoir dans telles ou telles conditions ; on peut ici ignorer ses causes, puisque dès lors que l'inscription existe ses causes sont déterminées).

Comme je l'ai remarqué, c'est l'ensemble et l'organisation des inscriptions d'une créature qui déterminent, conjointement, son comportement. C'est dire qu'une inscription donnée pourra contribuer à provoquer une réponse différente au même stimulus en fonction des autres inscriptions réalisées au moment de la stimulation et de ses relations avec elles. Il faut donc vraisemblablement distinguer le rôle fonctionnel « absolu » d'une inscription et son rôle fonctionnel « relatif » (i.e., relatif à une configuration d'inscriptions données). Je ne puis mieux faire, pour expliquer cette distinction, que de comparer le rôle fonctionnel absolu d'une inscription au rôle inférentiel d'une phrase dans un système de déduction naturelle, c'est-à-dire à l'ensemble des dérivations où cette phrase a une occurrence essentielle qu'on peut construire dans ce système. Le rôle fonctionnel relatif serait pour sa part comparable au rôle inférentiel d'une phrase dans une théorie axiomatique, c'est-à-dire à l'ensemble des dérivations où cette phrase a une occurrence essentielle qu'on peut construire dans le système déductif sous-jacent de cette théorie et dont les prémisses incluent tous les axiomes de la théorie. Cette distinction est ainsi analogue à la distinction entre la structure déductive d'une langue et celle des théories formulées dans cette langue.

54

Cette analogie a cependant l'inconvénient de faire abstraction des relations des inscriptions aux stimuli et aux réponses, qui font aussi partie de leur rôle fonctionnel. Mais surtout elle ne tient pas compte du fait que le rôle fonctionnel d'une inscription ne dépend pas seulement de la représentation dont elle est un token, mais aussi du mode sous lequel cette représentation est réalisée. En effet le rôle fonctionnel d'une inscription ne sera pas le même selon qu'elle aura la valeur d'une croyance ou celle d'un désir, etc... Un rôle fonctionnel a donc deux aspects ou composantes, à savoir, un aspect « propositionnel » (ou « conceptuel ») et un aspect modal ; or l'analogie du paragraphe précédent ignore l'aspect modal. Intuitivement, une inscription sera réalisée sous le mode de la croyance ou sous celui du désir selon que son rôle fonctionnel sera du type associé aux croyances ou aux désirs par les principes de la psychologie populaire. Il va sans dire que les modes, comme les représentations, doivent pouvoir être réalisés physiquement dans les créatures.

Ces quelques précisions permettent de voir maintenant un peu plus clairement en quel sens la théorie « représentationniste » que j'ai évoquée plus haut soutient que pour qu'une créature ait une croyance il faut qu'elle ait une inscription, sous le mode caractéristique de la croyance, d'une phrase de son système de représentations. Cela revient simplement à dire, on l'a vu, qu'il faut que cette créature soit dans un état physique *token* qui joue dans sa « vie mentale » le type de rôle fonctionnel caractéristique de la croyance. Il n'est ainsi pas nécessaire pour établir si une inscription est une croyance d'en connaître le rôle propositionnel (i.e., de savoir de quelle représentation elle est une inscription), ni par conséquent le rôle fonctionnel spécifique. Il suffit de connaître le mode de ce rôle fonctionnel.

Cependant pour pouvoir dire qu'une inscription compte comme telle ou telle croyance, il faut en connaître le sens (et c'est évidemment à ce niveau que doit éventuellement intervenir son rôle propositionnel). Cela ne veut pourtant pas dire qu'il faut pouvoir *produire* un énoncé qui ait le même sens que cette inscription, ni par conséquent qu'il faut être en mesure d'identifier cette croyance au moyen d'une attribution de croyance en style indirect. Il suffit parfaitement de pouvoir dire, en termes métalinguistiques, en quoi consiste ce sens, c'est-à-dire à quelles conditions il est légitime pour un locuteur de prétendre reproduire ou exprimer ce sens à l'aide d'une phrase de sa propre langue, ou à quelles conditions deux inscriptions données ont le même sens (et comptent par conséquent pour la même croyance)[4]. C'est essentiellement de cette dernière question qu'il s'agira dans le reste de cet article.

3. LES ETATS INTENTIONNELS DES CRÉATURES SOLITAIRES

Du point de vue de la théorie représentationniste il semble naturel de suggérer que deux créatures partagent une certaine croyance si et seulement si elles ont toutes les deux une inscription, sous le mode de la croyance, qui joue le même rôle propositionnel[5]. Comme le rôle propositionnel d'une inscription est défini indépendamment de toute référence à l'environnement des créatures concernées, cela revient à dire qu'il suffit de comparer les structures internes respectives de deux créatures pour déterminer si elles ont les mêmes croyances. Cette position correspond approximativement à celle de Fodor (1980) en cherchant à concilier le solipsisme méthodologique (i.e., l'idée selon laquelle l'explication psychologique des comportements d'une créature ne doit faire référence qu'à des processus internes à celle-ci) avec la conviction populaire que le comportement peut être expliqué en termes d'états intentionnels. On a ici un critère d'individuation des états intentionnels qui a une certaine plausibilité, mais il reste à savoir si tous nos emplois de notions comme celles de croyance ou de désir satisfont à ce critère. Or il est assez facile de montrer que ce n'est pas le cas.

Je me propose simplement, pour mettre en évidence les autres principes d'individuation des états intentionnels qui me paraissent occuper une place importante dans l'usage ordinaire de ces notions, de reprendre (en l'adaptant) la stratégie développée par Putnam (1975, 1981) et Burge (1979, 1982a, 1982b). J'indiquerai en cours de route les points sur lesquels je me trouve en désaccord avec eux.

La stratégie consiste essentiellement à imaginer deux créatures fonctionnellement identiques, mais qui évoluent dans des environnements différents, et à se demander s'il n'y a pas des situations où on serait enclin à dire qu'elles n'ont pourtant pas les mêmes croyances ou les mêmes désirs.

Commençons par imaginer un univers exactement semblable au nôtre, avec la différence qu'il contient exactement deux planètes habitées par des créatures intelligentes, qu'en hommage à Asimov j'appellerai Gaïa et Gaïa-bis. Ces deux planètes sont des répliques exactes l'une de l'autre, « molécule pour molécule ». Il faut entendre par là, en particulier, que toute chose et toute créature qui se trouve sur Gaïa a sur Gaïa-bis un double qualitativement indiscernable, et cela *à tout moment de l'histoire de chacune de ces planètes*[6]. On admettra aussi que Gaïa et Gaïa-bis sont très éloignées l'une de l'autre et n'ont aucune relation causale significative.

Je supposerai dans un premier temps qu'il y a sur Gaïa un seul habitant, que j'appellerai « Jules ». Il s'ensuit que Gaïa-bis a aussi un seul habitant,

Jules-bis, qui non seulement a la même structure fonctionnelle que Jules mais réalise à tout moment exactement les mêmes rôles fonctionnels. En d'autres termes, Jules et Jules-bis mènent des vies qualitativement identiques, ils perçoivent les mêmes stimuli, produisent les mêmes réponses et passent par les mêmes suites d'états internes. En dehors du fait que Gaïa et Gaïa-bis ont chacune un seul habitant, elles sont exactement comme la Terre et je supposerai aussi pour faciliter la discussion que le système de représentations de Jules et de Jules-bis est « syntaxiquement » identique au français.

Si Jules fait une promenade et s'arrête devant un arbre, Jules-bis fait aussi une promenade et s'arrête au même moment (i.e., à la même place dans la suite des états internes qu'ils ont en commun) devant un arbre exactement semblable. On conçoit que dans de telles circonstances Jules et Jules-bis pourraient avoir chacun une inscription de la phrase « Ceci est un arbre », qui aurait le même rôle fonctionnel. Cependant le simple fait que leurs inscriptions respectives soient causées par des arbres numériquement distincts montre qu'il y a un sens dans lequel on pourrait dire que Jules et Jules-bis ont des croyances différentes. Ainsi, si on baptisait « X » l'arbre qui est devant Jules et « Y » celui qui est devant Jules-bis, on pourrait dire que Jules croit que X est un arbre et que Jules-bis croit que Y est un arbre. Ce genre de fait est assez trivial et assez bien connu pour qu'il soit inutile d'y insister.

J'en conclus pour ma part que la notion naïve d'état intentionnel est hybride et recouvre au moins deux concepts distincts, qui répondent à des critères d'individuation distincts. Ce dédoublement s'explique, intuitivement, par le fait que les états intentionnels doivent (notamment) servir à régler les échanges entre les créatures et leur environnement. Il n'est pas surprenant dans ces conditions qu'on soit tenté d'identifier les états intentionnels tantôt par leur rôle propositionnel, qui correspond à ce que j'appelle leur *contenu*, et tantôt par leurs conditions de vérité, qui correspondent à ce que j'appelle leur *objet*. Chaque état intentionnel comporterait ainsi un aspect interne ou solipsiste et un aspect externe ou non-solipsiste. Il est clair que cette distinction, dont le principe est traditionnellement admis au moins depuis K. Twardowski, est analogue à la distinction frégéenne entre sens et dénotation, avec la différence toutefois que le contenu d'un état intentionnel n'en détermine pas l'objet alors que chez Frege le sens détermine la dénotation. D'autre part l'objet d'un état intentionnel s'apparente plus à un état de choses qu'à une valeur de vérité comme le voudrait l'orthodoxie frégéenne.

On aura remarqué que je me suis appuyé uniquement sur la fonction de référence singulière des représentations pour introduire la distinction entre le contenu et l'objet d'un état intentionnel. Autrement dit, si Jules et Jules-bis ne croient pas tout à fait la même chose, c'est parce que le *token* de « ceci » de Jules ne « dénote » pas (i.e., n'est pas « causé » par) la même chose que celui de Jules-bis. Cela soulève la question de savoir si l'aspect conceptuel du contenu d'un état intentionnel détermine l'aspect conceptuel de son objet. En d'autres termes il s'agit de savoir si deux états intentionnels qui ont le même contenu conceptuel doivent avoir le même objet conceptuel, i.e., si le rôle conceptuel d'un terme général en détermine l'extension.

On sait que les expériences de pensée discutées par Putnam et Burge ont été interprétées comme apportant une réponse négative à cette question. J'hésite pour ma part à accepter ce verdict. On pourrait poser le problème de la façon suivante. Supposons qu'il n'y ait pas d'arbres sur Gaïa-bis et qu'il n'y en ait jamais eu, mais qu'on y trouve une variété de plantes qui bien que biologiquement très différentes des arbres ont toutes les apparences des arbres qu'on trouve sur Gaïa ou sur la Terre. Il s'agit alors de savoir si le mot « arbre » a la même extension dans la tête de Jules que dans celle de Jules-bis.

Il est bon de souligner ici que Putnam ne pose jamais la question exactement sous cette forme. Outre le fait qu'il décrit toujours des créatures qui appartiennent à des communautés linguistiques publiques alors que pour nous Jules et Jules-bis sont (jusqu'ici) des créatures isolées, la question qu'il pose est toujours celle de savoir comment *nous* serions disposés à rapporter les états intentionnels de telle ou telle créature. Dans les termes de notre exemple la question de Putnam serait donc plutôt celle de savoir si nous pourrions utiliser *notre* concept d'arbre pour caractériser les conditions de vérité des états intentionnels de Jules ou de Jules-bis. Mais en acceptant de répondre à une telle question, on se fait à la fois juge et partie, car puisqu'on a supposé qu'il n'y avait pas d'arbres sur Gaïa-bis il est clair qu'on ne pourrait pas, sans contredire cette hypothèse, soutenir à la fois que Jules-bis croit être devant un arbre quand il a une inscription de la phrase « Ceci est un arbre », et que cette croyance est vraie. Or on n'a aucune raison de penser qu'une telle croyance serait fausse, i.e., que Jules-bis aurait tort d'appliquer le mort « arbre » aux plantes qu'il trouve sur Gaïa-bis. Il faut donc apparemment conclure, avec Putnam, que la croyance de Jules-bis ne porte pas sur des arbres.

Je pense que Putnam donne la bonne réponse à la question qu'il pose mais que la réponse à cette question ne montre nullement, comme il le prétend, que le contenu d'un terme général n'en détermine pas l'extension (i.e. l'objet). On peut s'en rendre compte en se demandant non plus comment *nous* pourrions rapporter les croyances de Jules-bis mais comment Jules les rapporterait, à supposer qu'il soit mis en présence de Jules-bis et que son système de représentations contienne les ressources suffisantes pour attribuer des états intentionnels à autrui (bien qu'on ne voie pas comment il aurait pu développer une telle capacité, n'ayant jamais eu aucun contact avec des créatures semblables à lui).

Il est assez clair que pour que Jules « croie » qu'une inscription du mot « arbre » dans la tête de Jules-bis ne renvoie pas à des arbres il faut qu'il soit lui-même en mesure de distinguer entre les arbres (qui poussent sur Gaïa) et les arbres-bis qui poussent sur Gaïa-bis ; et pour cela il faut qu'il ait un terme dans son système de représentations qui s'applique aux arbres-bis sans s'appliquer aux arbres. Il faut donc supposer qu'il refuserait d'appliquer le mot « arbre » aux arbres-bis. Mais cela veut dire qu'il faut supposer qu'il n'est plus fonctionnellement identique à Jules-bis et en particulier, que le mot « arbre » n'a pas dans son système de représentations le même *contenu* conceptuel que dans celui de Jules-bis, contrairement à notre hypothèse.

Comme nous sommes exactement dans cette situation par rapport à Jules-bis, j'en conclus que nous sommes aussi fonctionnellement différents de lui et que l'expérience de pensée en question ne montre pas que deux termes généraux (d'un système de représentations mentales) qui ont exactement le même rôle fonctionnel peuvent avoir des extensions différentes.

Il n'est peut-être pas inutile d'aborder aussi la question sous un autre angle. Comme il s'agit seulement de savoir si le mot « arbre » a la même extension dans la tête de Jules que dans celle de Jules-bis il n'est pas vraiment nécessaire de se demander si Jules serait disposé à rapporter les croyances de Jules-bis à l'aide de ce mot. Il suffit de savoir s'il devrait être dans l'erreur en appliquant le mot « arbre » à un arbre-bis (qu'on aurait, peut-être, transplanté sur Gaïa et placé sur son chemin). Il faut ici distinguer entre plusieurs cas possibles, selon qu'on suppose que les arbres et les arbres-bis sont indiscernables « en principe » pour Jules ou Jules-bis, ou dans le cas contraire, selon que Jules ou Jules-bis ont ou n'ont pas encore fait la différence entre les arbres et les arbres-bis. Certaines possibilités combinatoires sont exclues par la contrainte que Jules et Jules-bis doivent rester fonctionnellement identiques ; par exemple, on ne pourrait pas supposer que les arbres et les arbres-bis sont indiscernables pour Jules-bis mais pas pour Jules sans violer cette contrainte. Si on élimine ces éventualités, il reste apparemment trois cas à examiner.

Le premier est celui dans lequel les arbres et les arbres-bis sont indiscernables « en principe » pour Jules et pour Jules-bis, i.e., celui dans lequel ni Jules ni Jules-bis n'ont l'équipement psycho-biologique nécessaire pour distinguer un arbre d'un arbre-bis. Doit-on dire, dans cette hypothèse, que les arbres et les arbres-bis tombent tous les deux dans l'extension du mot « arbre » tel qu'il apparaît dans les inscriptions de Jules ou de Jules-bis, ou au contraire que le mot « arbre » dans la tête de Jules s'applique uniquement aux arbres (et dans la tête de Jules-bis, uniquement aux arbres-bis) ? En d'autres termes, le mot « arbre » a-t-il ou non la même extension pour Jules et pour Jules-bis ?

Ma propre intuition est qu'on n'a aucune raison de dire que le mot « arbre » dans la tête de Jules ne s'applique pas aux arbres-bis ni qu'il ne s'applique pas aux arbres dans celle de Jules-bis, ce qui veut dire qu'on n'aurait aucune raison de rapporter leurs croyances en utilisant *notre* mot « arbre ». Il y a cependant lieu de penser que Putnam pourrait être enclin à accepter le jugement contraire. Il semble en effet croire que lorsqu'une créature applique un terme général (ou du moins un terme de sorte naturelle) à un objet elle pose que cet objet est de même nature que ceux auxquels elle a appliqué ce terme dans le passé. Par exemple, quand Jules aurait une inscription (sous le mode de la croyance) de « Ceci est un arbre », celle-ci aurait en fait le même rôle propositionnel qu'une inscription de « Ceci est de même nature que les objets auxquels j'ai déjà appliqué le mot « arbre » », ou quelque chose d'approchant. On pourrait croire, s'il en est ainsi, que quand Jules applique le mot « arbre » à un arbre-bis, il est dans l'erreur, puisque (peut-on supposer) il n'a jamais appliqué ce terme à des arbres-bis et que ceux-ci ne sont pas des arbres. Mais il semble qu'on ne puisse interpréter la situation de cette façon qu'en supposant que « être de même nature » renvoie à la même chose pour Jules que *pour nous*. Jules ne peut correctement s'abstenir d'appliquer cette relation qu'à des objets qu'il est en mesure de distinguer, or par hypothèse il n'a pas la capacité de distinguer les arbres des arbres-bis.

Il semble donc qu'on ne dispose d'aucun critère « objectif » pour choisir entre 1) dire que Jules se trompe mais que le mot « arbre » a la même extension pour lui que pour nous, et 2) dire qu'il a raison mais que le mot « arbre » n'a pas la même extension pour lui que pour nous. Il ne s'agit apparemment pas ici d'un choix entre deux hypothèses rivales. En ce qui concerne la relation entre Jules et Jules-bis, cela implique qu'il ne serait pas strictement contradictoire de maintenir par exemple que Jules pourrait avoir raison d'appliquer le mot « arbre » à un arbre-bis et Jules-bis être dans

60

l'erreur en appliquant ce terme à un arbre, bien qu'ils soient fonctionnellement identiques. C'est-à-dire qu'il ne serait pas contradictoire (mais sans doute incohérent en un certain sens) d'appliquer la première option (ou son équivalent) à Jules-bis et la deuxième à Jules. Ceci dit le choix de la première option paraît peu recommandable puisqu'elle revient à toutes fins pratiques à décider pour autrui qu'il doit être considéré comme un réaliste métaphysique.

Le deuxième cas à examiner est celui où Jules et Jules-bis non seulement ont la capacité de distinguer entre les arbres et les arbres-bis, mais disposent effectivement de termes qui leur permettent de faire la distinction. Il est clair que dans ce cas Jules n'appliquerait pas le mot « arbre » aux arbres-bis et que Jules-bis ne l'appliquerait pas aux arbres. Plus exactement les arbres n'appartiendraient pas à l'extension du mot « arbre » pour Jules-bis, ni les arbres-bis à celle de ce mot pour Jules. On pourrait croire que dans ce cas Jules et Jules-bis cesseraient d'être fonctionnellement identiques puisque le mot « arbre » jouerait dans le système de représentations de Jules le rôle que le mot « arbre-bis » et non pas le mot « arbre » jouerait dans celui de Jules-bis, et vice versa (dans l'hypothèse où le mot « arbre-bis » serait celui que Jules-bis appliquerait aux arbres et Jules aux arbres-bis). Mais il est facile de se convaincre qu'une telle permutation de termes n'affecterait ni la correspondance fonctionnelle entre Jules et Jules-bis, ni l'hypothèse que deux termes qui ont le même rôle conceptuel doivent avoir la même extension.

Le troisième et dernier cas est celui où Jules et Jules-bis ont la capacité de distinguer entre les arbres et les arbres-bis sans qu'aucun d'eux n'ait encore actualisé cette capacité. On peut supposer, par exemple, qu'il y a dans l'existence de Jules et de Jules-bis un premier stade où ils ne sont pas en mesure de distinguer un arbre d'un arbre-bis et un second stade où ils sont en possession d'un terme leur permettant de faire la distinction. Il s'agirait alors de savoir si Jules, par exemple, se tromperait en appliquant le mot « arbre » à un arbre-bis alors qu'il est toujours au premier stade (tandis que Jules-bis aurait raison de lui appliquer ce terme) ; ou en d'autres termes, il s'agirait de savoir si l'extension du mot « arbre » pour Jules, lorsqu'il est au stade un, est déterminée par son rôle conceptuel actuel ou par son rôle conceptuel ultérieur.

Pour répondre à cette question, il faudrait donc savoir si quand une créature a une inscription à un moment donné, on doit en identifier le rôle fonctionnel en fonction des modifications futures de cette créature ou simplement tenir compte, pour ainsi dire, de sa structure synchronique.

Fort heureusement il n'est pas nécessaire pour mon propos de choisir entre ces deux possibilités. Il suffit d'indiquer que si on retient la première possibilité, alors on se trouve dans une situation comparable à celle qui correspond au premier cas examiné, à savoir une situation où le mot « arbre » a le même rôle conceptuel pour Jules et pour Jules-bis et où ceux-ci sont incapables de distinguer entre les arbres et les arbres-bis. Il est alors impossible de soutenir que le mot « arbre » n'a pas la même extension pour les deux sans épouser une forme de réalisme métaphysique. Tandis que si on retient la deuxième possibilité, on retrouve le deuxième cas examiné, à savoir celui où le mot « arbre » n'a ni la même extension ni le même rôle conceptuel pour Jules que pour Jules-bis bien qu'ils restent globalement fonctionnellement identiques. La question pertinente devient alors celle de savoir si le mot « arbre » pour Jules a la même extension que le mot « arbre-bis » pour Jules-bis, et l'examen de cette question renvoie à son tour au premier cas examiné.

On doit par conséquent conclure qu'il est possible et métaphysiquement plus économique de maintenir que deux inscriptions de termes généraux qui ont le même contenu ne peuvent avoir des objets différents. Il en résulte que si le contenu d'un état intentionnel n'en détermine généralement pas l'objet cela tient essentiellement aux caractéristiques particulières des expressions référentielles, à l'exclusion des expressions conceptuelles. Il reste que cette circonstance permet de distinguer deux façons d'individuer un état intentionnel d'une créature isolée, à savoir par son rôle propositionnel (ou contenu) et par ses conditions de vérité (ou objet).

4. LES ETATS INTENTIONNELS DES CRÉATURES SOCIALES

Je voudrais maintenant suggérer que lorsqu'on considère les créatures du point de vue de leur appartenance à une communauté linguistique, il y a lieu de distinguer deux autres principes d'individuation, que j'appellerai « non-individualistes » pour les opposer aux deux premiers. Je soutiens en d'autres termes qu'il faut distinguer d'une part entre le contenu individualiste (ou « privé ») et le contenu non-individualiste (ou « public ») d'un état intentionnel, et d'autre part entre l'objet individualiste et l'objet non-individualiste d'un état intentionnel, dès lors qu'on considère les états intentionnels de créatures qui disposent d'une langue publique[7].

On peut commencer à le mettre en évidence en adaptant un exemple discuté par Burge (1979). Pour les fins de la discussion il faut maintenant supposer que Jules et Jules-bis ne sont plus les seuls habitants de leurs planètes respectives, mais qu'ils appartiennent chacun à une communauté linguistique normale comportant un grand nombre d'individus et dont la langue serait « syntaxiquement » indiscernable de l'anglais[8]. Bien qu'ils soient toujours fonctionnellement identiques, leurs communautés linguistiques respectives se distinguent en ceci, par exemple, que sur Gaïa le terme « arthritis » s'applique uniquement à des inflammations articulatoires, alors que sur Gaïa-bis il s'applique aussi bien à certaines inflammations musculaires, qu'à des inflammations articulatoires. Incidemment, Burge souligne que ce que nous appelons l'arthrite ne constitue pas en fait une sorte naturelle, c'est-à-dire que le mot « arthrite » (ou « arthritis ») ne désigne aucun processus physiologique tel qu'il ne puisse se produire que dans les articulations. On peut donc supposer que les connaissances scientifiques acquises sur Gaïa-bis sont les mêmes que sur Gaïa et que les deux communautés linguistiques diffèrent uniquement en ce qu'elles ne font pas le même usage du mot « arthritis ».

A supposer maintenant que Jules et Jules-bis souffrent tous les deux d'inflammations musculaires dans la cuisse et qu'ils aient tous les deux une inscription sous le mode de la croyance de la phrase « J'ai de l'arthrite dans la cuisse », peut-on dire (si l'on néglige le fait que l'inscription de Jules renvoie à la cuisse de Jules et celle de Jules-bis à la cuisse de Jules-bis) que Jules et Jules-bis ont des croyances différentes ?

Il semble qu'aussi longtemps qu'on fait abstraction de leur insertion dans des communautés linguistiques particulières, il n'y a rien qui permette de dire que Jules et Jules-bis n'ont pas le même concept d'arthrite, ou que la croyance de l'un est fausse alors que celle de l'autre est vraie. Ils auraient ainsi, du point de vue individualiste, la même croyance.

Mais dans la mesure où l'inscription de Jules est vraisemblablement causalement liée à une énonciation possible de la phrase publique « I have arthritis in the thigh », c'est-à-dire dans la mesure où son inscription représente le contenu qu'il associe à la phrase « I have arthritis in the thigh » en tant que phrase de sa langue publique, il y a manifestement un sens dans lequel sa croyance est fausse, puisque sa communauté linguistique n'applique pas le mot « arthritis » aux inflammations musculaires. Celle de Jules-bis au contraire serait vraie tant du point de vue individualiste que du point de vue non-individualiste, puisque son inscription est indexée sur une communauté linguistique où le mot « arthritis » s'applique aux inflammations musculaires.

Ainsi, de même qu'on peut dans la perspective individualiste être amené à dire que deux créatures fonctionnellement identiques ont des croyances différentes parce qu'elles évoluent dans des environnements naturels différents (numériquement), on peut aussi être amené à dire que deux créatures fonctionnellement identiques qui évoluent dans des environnements naturels qualitativement (ou même numériquement) identiques ont des croyances différentes parce qu'elles appartiennent à des communautés linguistiques qualitativement (i.e., « fonctionnellement ») différentes.

La situation que je viens d'évoquer illustre le cas où les états intentionnels de deux créatures fonctionnellement identiques ont à la fois des objets et des contenus non-individualistes différentes, puisqu'on peut supposer que certaines phrases contenant le mot « arthritis » sont légitimement rejetées sur Gaïa et légitimement acceptées sur Gaïa-bis et que ce mot n'a par conséquent pas le même contenu dans les deux communautés linguistiques. Il reste encore, pour compléter la discussion, à montrer que Jules et Jules-bis pourraient avoir des inscriptions qui auraient le même contenu individualiste et non-individualiste sans avoir le même objet non-individualiste (i.e., sans avoir les mêmes conditions de vérité publiques) ; ou en d'autres termes, il reste à montrer que dans la perspective non-individualiste comme dans la perspective individualiste, le contenu d'un état intentionnel n'en détermine pas l'objet. Il faut pour cela supposer que les communautés linguistiques respectives de Jules et de Jules-bis sont fonctionnellement identiques alors que leurs environnements naturels sont différents[9].

On supposera aussi qu'il y a sur Gaïa une ville que ses habitants appellent « London » et sur Gaïa-bis une ville identique que ses habitants appellent aussi « London », mais que j'appellerai « London-bis ». Dans cette hypothèse, quand Jules a une inscription sous le mode de la croyance de la représentation « Londres est jolie », Jules-bis en a une aussi ; et ces deux inscriptions ont le même rôle fonctionnel individualiste. Elles sont aussi par conséquent « indexées » sur la même phrase publique « London is pretty », c'est-à-dire, elles sont toutes les deux associées à une disposition (conditionnelle) à énoncer « London is pretty ». Comme les deux communautés linguistiques sont par hypothèse fonctionnellement identiques, cette phrase a le même contenu sur Gaïa et sur Gaïa-bis, et les inscriptions respectives de Jules et de Jules-bis ont par conséquent aussi le même contenu non-individualiste. Il n'empêche que non seulement Jules et Jules-bis « réfèrent » à deux villes différentes, mais leurs communautés linguistiques respectives utilisent le nom « London » pour désigner deux villes différentes. Les inscriptions respectives de Jules et de Jules-bis n'ont donc ni les mêmes conditions de vérité individualistes ni les mêmes conditions de vérité non-individualistes.

Il est aussi possible d'imaginer des cas où les conditions de vérité individualistes de Jules et de Jules-bis seraient les mêmes alors que leurs conditions de vérité non-individualistes seraient différentes. Mais il est intéressant de remarquer qu'il faut apparemment renoncer alors à dire que Jules et Jules-bis sont fonctionnellement identiques.

Supposons par exemple que Jules ait l'habitude de se rendre à London en week-end, et Jules-bis l'habitude correspondante de passer ses week-ends à London-bis. Justement ce vendredi, Jules s'embarque sur le ferry de nuit pour London, et Jules-bis sur le ferry pour London-bis. Alors qu'il dort dans sa cabine, un Malin Génie transporte Jules-bis sur Gaïa, à bord du ferry pour London, dans une cabine identique à la fois à celle où il dormait et à celle qu'occupe Jules. Au réveil Jules-bis regarde par le hublot et la proximité de la côte l'amène à former une inscription du genre de « Londres n'est plus qu'à une heure de chemin de fer ». Jules, qui occupe la cabine voisine, a une inscription semblable au même moment.

S'il n'est plus possible de soutenir que Jules et Jules-bis continuent d'avoir exactement les mêmes représentations, puisque leurs stimulations sensorielles sont maintenant différentes, on concèdera peut-être qu'ils restent fonctionnellement assez semblables pour qu'on puisse dire que leurs inscriptions respectives de « Londres n'est plus qu'à une heure de chemin de fer » ont à toutes fins pratiques le même rôle fonctionnel (i.e., le même contenu individualiste). Il semble qu'on puisse aussi admettre, dans les circonstances, qu'elles ont aussi les mêmes conditions de vérité individualistes, c'est-à-dire, que le mot « Londres » dans la tête de Jules désigne la même chose que dans celle de Jules-bis, à savoir la ville où ils seront tous les deux dans moins de deux heures. Cependant il y a aussi un sens dans lequel l'inscription de Jules est vraie tandis que celle de Jules-bis est fausse, si on juge qu'il est légitime d'interpréter le mot « Londres » dans la tête de Jules-bis comme étant « anaphoriquement » lié avec les usages littéraux qu'on fait du nom « London » dans sa communauté linguistique d'origine, sur Gaïa-bis. Si de retour chez lui Jules-bis affirmait « I went to London this week-end » on aurait en effet raison de ne pas le croire, puisque sur Gaïa-bis « London » désigne London-bis et non pas London.

Ces exemples montrent que deux créatures fonctionnellement identiques (ou du moins très semblables) qui appartiennent à des communautés linguistiques distinctes mais fonctionnellement identiques peuvent avoir des inscriptions qui ont le même contenu individualiste et non-individualiste mais des objets individualistes ou non-individualistes différents. Cela suggère qu'il y a des situations où il convient d'individuer un état intentionnel d'une créature par son objet non-individualiste, i.e. par les conditions de vérité de la phrase de sa langue publique qu'elle serait disposée à considérer comme l'« expression » de cet état intentionnel. Je n'ai utilisé jusqu'ici pour le montrer, que les propriétés des termes singuliers (et plus spécifiquement des noms propres, car les démonstratifs soulèveraient dans ce contexte des problèmes particuliers) ; et il resterait à se demander si celles des termes généraux conduiraient à la même conclusion ou si au contraire le contenu non-individualiste d'un terme général en détermine l'extension (non-individualiste).

Cette question est à première vue tout à fait parallèle à celle examinée plus haut, de savoir si le mot « arbre » a la même extension pour Jules et pour Jules-bis, considérés comme des créatures solitaires. Il s'agirait maintenant de savoir si le mot « tree » a la même extension sur Gaïa et sur Gaïa-bis, à supposer qu'il ait le même contenu ou rôle conceptuel dans les deux communautés linguistiques et qu'il n'y ait pas d'arbres sur Gaïa-bis (ni d'arbres-bis sur Gaïa). Cette dernière question soulève toutefois des difficultés d'un genre nouveau.

Il paraît clair que si on pouvait raisonner sur les communautés linguistiques comme s'il s'agissait de créatures autonomes ; si on pouvait par exemple parler des croyances ou des inscriptions d'une communauté linguistique et de leurs relations causales dans le même sens que s'il s'agissait d'un individu, on devrait pouvoir répondre à cette question de la même façon qu'on a répondu dans la section précédente à la question correspondante. On pourrait ainsi montrer, par exemple, que si la communauté linguistique des habitants de Gaïa est fonctionnellement identique à celle des habitants de Gaïa-bis et si elle était disposée à appliquer le mot « tree » aux arbres-bis, alors rien ne s'opposerait à ce qu'on dise que l'extension de ce mot est la même dans les deux langues et inclut à la fois les arbres et les arbres-bis. Mais une communauté n'agit que par l'intermédiaire de ses membres et sa structure fonctionnelle ne se révèle qu'à travers celle de ses membres, de sorte que on ne pourrait se satisfaire d'un tel raisonnement avant d'avoir précisé à quelles conditions deux communautés linguistiques sont fonctionnellement identiques. Or il ne semble pas possible de le faire sans mentionner les états intentionnels individualistes de leurs membres et nous sommes très loin d'avoir une conception claire de la manière dont la structure fonctionnelle d'une communauté linguistique est reliée à celle de ses membres, et par conséquent de ce qui constitue le contenu d'une expression linguistique (d'une langue publique). A défaut de développer et de défendre une telle conception, les remarques qui suivent viseront seulement à préparer le terrain pour un examen plus approfondi de la question posée et à indiquer à quelles conditions elle semble admettre la réponse négative que lui donne Putnam.

La principale difficulté de la question vient de ce qu'il ne semble y avoir aucun lien direct entre l'identité fonctionnelle de deux communautés linguistiques et le fait que chaque membre de l'une soit ou non fonctionnellement identique à un membre de l'autre et inversement. Il est clair en effet que deux communautés linguistiques peuvent être fonctionnellement identiques en l'absence d'une telle surjection ; ou en d'autres termes que le contenu du mot « tree » pourrait être le même sur Gaïa et sur Gaïa-bis même si leurs habitants respectifs n'étaient pas (surjectivement) fonctionnellement identiques. On pourrait s'en convaincre en remarquant que tous les locuteurs d'une langue donnée (i.e., tous les membres d'une communauté linguistique donnée) n'ont normalement pas les mêmes états intentionnels (individualistes). Or s'il est possible que des individus qui ne sont pas fonctionnellement identiques appartiennent (ou soient réputés appartenir) néanmoins à la même communauté linguistique, il doit aussi être possible que deux communautés linguistiques (même de même cardinalité) soient fonctionnellement identiques sans que leurs membres respectifs le soient (surjectivement) ou même sans qu'aucun membre de l'une ne soit fonctionnellement identique à aucun membre de l'autre.

Il est par contre très tentant de souscrire à une forme d'individualisme méthodologique et d'admettre un principe de dépendance socio-psychique analogue au principe de dépendance *(supervenience)* psycho-physique proposé notamment par Davidson (1980 : 214), qu'on pourrait formuler ainsi : (PDSP) : si deux communautés linguistiques sont telles que chaque membre de l'une est fonctionnellement identique à un membre de l'autre et inversement, alors elles sont fonctionnellement identiques. Ceci impliquerait, dans les termes de notre exemple, que le mot « tree » devrait alors avoir le même contenu sur Gaïa et sur Gaïa-bis. Aussi plausible et pertinent que soit ce principe, la possibilité de répondre dans un sens ou dans l'autre à la question posée n'en dépend nullement.

Supposons en effet que le PDSP soit faux. Il serait alors possible que les habitants de Gaïa soient (surjectivement) fonctionnellement identiques à ceux de Gaïa-bis, bien que leurs communautés linguistiques respectives (prises collectivement) ne le soient pas. Cela signifie, en particulier, que le mot « tree » pourrait ne pas avoir le même contenu sur Gaïa et sur Gaïa-bis. Mais s'il n'a pas le même contenu alors il est indifférent de savoir s'il a ou non la même extension dans les deux communautés linguistiques, puisque la question posée concerne uniquement les expressions qui ont le même contenu. Tandis que s'il a le même contenu alors il faut expliquer quels sont les aspects de la situation qui en sont responsables, si le fait que chaque membre de l'une est fonctionnellement identique à un membre de l'autre et inversement, ne suffit pas pour l'établir. Ce n'est qu'après avoir ainsi caractérisé positivement la notion de contenu linguistique de façon à rendre compte de telles situations qu'on pourrait aborder la question de savoir si deux termes généraux qui ont le même contenu doivent avoir le même objet. A défaut de pouvoir fournir une telle caractérisation, il ne semble pas y avoir d'autre choix que de présupposer le PDSP.

Un examen sérieux de la question exigerait qu'au moins les six cas suivants soient pris en considération :

(i)   Ni les habitants de Gaïa ni ceux de Gaïa-bis ne sont capables « en principe » de distinguer les arbres des arbres-bis.

(ii) Certains habitants de Gaïa et leurs doubles sur Gaïa-bis ont effectivement actualisé une telle capacité,

(iii) Certains habitants de Gaïa et leurs doubles sur Gaïa-bis ont cette capacité sans l'avoir encore actualisée,

(iv) Seuls certains habitants de Gaïa (ou de Gaïa-bis) ont effectivement actualisé cette capacité,

(v)   Seuls les habitants de Gaïa (ou de Gaïa-bis) ont cette capacité, et certains l'ont actualisée,

(vi) Seuls les habitants de Gaïa (ou de Gaïa-bis) ont cette capacité, mais aucun ne l'a encore actualisée.

Aucun d'eux n'implique que chaque habitant de Gaïa soit fonctionnellement identique à un habitant de Gaïa-bis et inversement, et les trois derniers sont même explicitement incompatibles avec cette supposition. Là où il est possible de maintenir cette dernière, le PDSP garantit que les deux communautés linguistiques sont fonctionnellement identiques, de sorte qu'il ne reste plus alors qu'à se demander si le mot « tree » peut encore avoir des extensions différentes. Mais tous les cas soulèvent aussi la difficulté supplémentaire d'avoir à expliquer en quoi consiste l'identité fonctionnelle des deux communautés linguistiques quand leurs membres respectifs ne sont pas (surjectivement) fonctionnellement identiques. Or il n'y a aucune façon évidente de résoudre ou de contourner cette difficulté.

Il est d'autant plus remarquable, dans ces conditions, que Putnam n'en tienne aucun compte dans ses discussions sur la signification des termes de sortes naturelles. Son argumentation tend tout au plus à montrer que les contenus des états intentionnels individualistes des membres d'une communauté linguistique ne déterminent pas *l'extension non-individualiste* des termes de sortes naturelles utilisés par cette communauté (et encore ne considère-t-il que les états intentionnels des locuteurs *à un certain moment* du développement de leur communauté linguistique). Aucun des exemples qu'il utilise pour faire valoir son point de vue n'est pourtant compatible avec la supposition que les membres respectifs des communautés linguistiques considérées sont (surjectivement) fonctionnellement identiques. Mais même s'il devait finalement avoir raison sur ce point, il ne s'en suivrait pas que les termes en question peuvent dans ce cas avoir le même *contenu* linguistique (i.e., le même *rôle conceptuel*) dans les deux langues considérées, bien qu'il faudrait pour le nier renoncer au PDSP.

Ceci dit, et sous réserve d'un examen plus approfondi, je suis enclin à penser que Putnam a tort, s'il prétend avoir montré qu'un terme de sorte naturelle peut avoir des extensions différentes relativement à des communautés linguistiques dont les membres sont (surjectivement) fonctionnellement identiques.

5. CONCLUSIONS INTEMPESTIVES

Sur la base des remarques qui précèdent, et dans la mesure où la psychologie cognitive devrait se conformer au principe du solipsisme méthodologique (et je pense qu'elle le devrait, ou du moins qu'il y a place pour une discipline qui le fasse), on voit qu'elle ne peut certainement pas se réclamer simultanément de la psychologie populaire, tout simplement parce que la psychologie populaire utilise les notions de croyance et de désir dans plusieurs sens différents dont un seul est compatible avec le solipsisme méthodologique. Malgré tout, mais cela resterait à vérifier, rien n'exclut que certains principes de la psychologie populaire, lorsqu'interprétés dans un sens compatible avec le solipsisme méthodologique, puissent éventuellement être confirmés empiriquement. Pour pouvoir cependant envisager sérieusement cette possibilité, il faudrait d'abord montrer qu'il est possible « en principe » d'identifier le système de représentations d'une créature (i.e., le rôle fonctionnel de ses inscriptions) sans faire intervenir aucun élément normatif ou interprétatif, c'est-à-dire sans préjuger de sa rationnalité. C'est seulement à cette condition qu'on pourrait admettre l'idée qu'au moins une partie du contenu de la notion naïve d'état intentionnel a un rôle quelconque à jouer dans une psychologie cognitive.

D'une certaine façon, cette question est liée à celle de savoir si les généralisations de la psychologie populaire *doivent* être formulées en discours indirect (comme on le fait habituellement) ou si elles ne pourraient pas être formulées en discours direct. En effet une des raisons pour lesquelles il se pourrait que le discours indirect ne se prête pas à un usage scientifique, c'est qu'il est sans doute irrémédiablement égocentrique. Selon une certaine tradition (où on peut ranger Quine, Davidson et Stich), l'attribution en discours indirect d'un état intentionnel à une créature présuppose qu'il soit possible de traduire ou d'exprimer cet état intentionnel dans son propre langage. J'ai souligné par exemple qu'on pourrait en première approximation supposer qu'un énoncé comme « Mathieu croit qu'il pleut » s'analyse en quelque chose comme « Mathieu a une inscription, sous le mode de la croyance, d'une représentation qui a le même sens que celui qu'aurait une énonciation par moi maintenant de la phrase « il pleut » ». L'essentiel de cet article a consisté à montrer que la notion d'identité de sens ici invoquée peut recevoir au moins quatre interprétations différentes : même contenu individualiste, même objet individualiste, même contenu non-individualiste, même objet non-individualiste. Mais dans les quatre cas, il s'agit toujours de poser une équivalence entre une représentation qu'on prête à autrui et une de ses propres représentations, de telle façon qu'il soit en principe possible d'avoir soi-même l'état intentionnel rapporté. Si cet élément d'égocentricité est inéliminable, il est clair que de tels énoncés n'ont pas de place dans un discours scientifique. Il ne s'en suit pourtant pas que les états intentionnels eux-mêmes ne jouent aucun rôle dans l'explication scientifique des comportements, car il ne faut pas confondre les états intentionnels avec la façon dont ils sont identifiés dans la conversation courante. En d'autres termes, peut-être ne peut-on parler scientifiquement des états intentionnels qu'en discours direct, c'est-à-dire en les nommant ou en les décrivant plutôt qu'en les interprétant. Mais pour pouvoir soutenir sérieusement ce point de vue il faudrait montrer que l'identification d'un système de représentations ne fait intervenir aucun élément d'interprétation, ce qui semble peu probable.

Je voudrais en terminant faire quelques conjectures concernant la philosophie du langage et ses relations avec la philosophie de l'esprit. Il me semble d'abord que le fait qu'on ait été amené à admettre une distinction entre le contenu et l'objet d'un état intentionnel pourrait être l'indice de l'insuffisance du programme sémantique de Davidson, qui identifie le sens d'un énoncé à ses conditions de vérité. D'autre part, la distinction entre des états intentionnels individualistes et des états intentionnels non-individualistes semble exiger un dédoublement de la problématique de l'interprétation radicale. S'il est vrai qu'on interprète les comportements des autres en leur prêtant les croyances et les désirs qui les rationnalisent le mieux et qu'il y a deux « niveaux » d'intentionnalité, peut-être faudrait-il aussi distinguer deux théories de l'interprétation radicale, dont l'une chercherait à rationnaliser les comportements en termes de croyances et de désirs individualistes et l'autre s'intéresserait aux croyances et aux désirs non-individualistes. Enfin ce même dédoublement pourrait aussi permettre, comme je l'ai suggéré dans l'introduction, de reprendre le projet gricéen d'expliquer la notion de signification en termes d'états intentionnels. Ce projet devrait alors prendre la forme d'une explication de l'intentionnalité non-individualiste en termes d'intentionnalité individualiste. Un tel projet, s'il pouvait être mené à bien, donnerait ainsi partiellement raison aussi bien à ceux qui prétendent que la signification doit être expliquée en termes d'états intentionnels (Grice) qu'à ceux qui pensent qu'on ne peut connaître les états intentionnels d'un sujet que si on en connaît la langue (Davidson). L'opposition apparente entre ces deux perspectives viendrait ainsi du fait que jusqu'à récemment on a eu tendance à ignorer la complexité des relations entre les créatures individuelles et les communautés auxquelles elles appartiennent.

Daniel Laurier
Université du Québec à Trois-Rivières

1. Un ancêtre relativement éloigné de ce texte a été présenté en mai 1985 à l'université de Grenoble et en juin de la même année à l'université de Montréal, dans le cadre du congrès annuel de l'association canadienne de philosophie. Un ancêtre plus immédiat a fait l'objet d'un nouvel exposé en novembre 1985 à l'université de Montréal. Je tiens à remercier MM. Pascal Engel, Yvon Gauthier, Nicolas Kaufman, Maurice Lagueux et Storrs McCall pour leurs remarques critiques et/ou leurs encouragements.

2. Je n'entends pourtant pas présumer de la réponse générale à la question ontologique du dualisme matière/esprit. Rien ne s'oppose en principe à ce qu'une créature composée d'une substance immatérielle soit organisée de telle façon qu'on puisse y discerner des inscriptions de représentations. Mais une telle possibilité est suffisamment fantaisiste pour être ignorée. Aux partisans (s'il s'en trouve) de cette thèse, je ferai simplement remarquer que mes propos devraient s'appliquer, *mutatis mutandis*, aux archanges comme aux robots et aux animaux.

3. Je songe ici, en particulier, à la dimension normative de l'entreprise, et au statut des présuppositions de rationalité ou de fiabilité qu'elle doit vraisemblablement faire intervenir.

4. Cette remarque pourrait être moins anodine qu'elle ne paraît, dans la mesure où certains arguments tendant à montrer que les notions de croyance et de désir n'ont pas de place dans une psychologie scientifique semblent s'appuyer en grande partie sur les insuffisances (indéniables) du discours indirect ordinaire. Mais c'est une chose de savoir ce qu'est une croyance, c'en est une autre de savoir à quelles conditions on peut utiliser une attribution de croyance ordinaire pour la rapporter.

5. Sauf indication contraire il s'agit toujours dans cet article du rôle propositionnel (ou fonctionnel) relatif.

6. Il importe d'autant plus de bien garder cette condition en mémoire que Putnam a tendance à la négliger.

7. Peut-être est-il bon de signaler ici que je ne tiens pas cette quadripartition pour exhaustive. Je soupçonne au contraire qu'il y a, chez les créatures appartenant à une communauté linguistique, deux types ou niveaux d'états intentionnels individualistes. Le premier serait indépendant de toute compétence linguistique, tandis que le second serait fonction de la compétence sémantique effective que la créature a de la langue de sa communauté linguistique, i.e., en quelque sorte, de son idiolecte.

8. La supposition que leur langue publique est distincte de leurs systèmes de représentations internes n'a ici aucune importance particulière ; elle est simplement destinée à éviter certaines confusions.

9. Il n'aura pas échappé à mes lecteurs que je n'ai jusqu'ici parlé d'identité fonctionnelle qu'entre créatures individuelles. L'extension de cette notion aux communautés de créatures soulève des difficultés considérables qui seront brièvement discutées plus loin dans le texte. Il faut provisoirement concéder que deux communautés peuvent être dites fonctionnellement identiques quand leurs théories ou schèmes conceptuels respectifs sont « syntaxiquement » indiscernables.

BIBLIOGRAPHIE

Burge, Tyler   (1979) : « Individualism and the Mental », French P.A. *et al.*
   eds. (1979), 73-122.
                     (1982a) : « Other Bodies », Woodfield A. *ed.* (1982), 97-120
                     (1982b) : « Two Thought Experiments Reviewed », *Notre-Dame J. of Formal Logic* 23, 284-293.

Churchland, Paul M. (1981) : *Scientific Materialism and the Plasticity of Mind*
   Cambridge, Cambridge U.Press.

Davidson, Donald(1980) : *Essays on Actions and Events*, Oxford, Oxford U.
                        Press.
                     (1984) : *Inquiries into Truth and Interpretation*, Oxford,
                        Oxford U. Press.

Dennett, Daniel C.   (1978) : *Brainstorms*, Brighton, Harvester Press
                     (1982) : « Beyond Belief », Woodfield A. *ed.* (1982),
                        1-96.

Engel, Pascal (1984a) : « Functionalism, Belief and Content », Torrance T.
   ed. (1984), 51-63.
                     (1984b) : « Croyances, dispositions et probabilités », *Rev.
   Phil. de la France et de l'étranger*, 401-426.

Field, Hartry (1978) : « Mental Representation », *Erkenntnis* 13, 9-61

Fodor, Jerry A.   (1980) : « Methodological Solipsism Considered as a
   Research Strategy in Cognitive Psychology », Fodor J.A. (1981),
   225-253.
                     (1981) : *Representations*, Brighton, Harvester Press.

French, P.A., Uehling T.E. jr, and H.K. Wettstein *eds.* (1979) : *Midwest
   Studies in Philosophy 4 : Studies in Metaphysics*, Minneapolis, U.
   of Minnesota Press.

Lewis, David (1983) : *Philosophical Papers 1*, Oxford, Oxford U. Press

Owens, Joseph (1983) : « Functionalism and Propositional Attitudes »,
   Noûs 17, 529-549.

Putnam, Hilary   (1975) : *Philosophical Papers 2*, Cambridge, Cambridge
   U. Press.
                     (1981) : *Reason, Truth and History*, Cambridge, Cambridge
   U. Press.

Searle, John (1983) : *Intentionality*, Cambridge, Cambridge U. Press.

Torrance T. *ed.* (1984) : *The Mind and the Machine : Philosophical Aspects of Artificial Intelligence*, Chichester, Ellis Horwood.

Woodfield, Andrew *ed.* (1982) : *Thought and Object*, Oxford, Oxford U. Press.

Stich, Stephen (1978) : « Autonomous Psychology and the Belief-Desire Thesis », *The Monist* 61, 573-591.
   (1982) : « On the Ascription of Content », Woodfield A. *ed.* (1982) 153-206.
   (1983) : *From Folk Psychology to Cognitive Science*, Cambridge Mass. Mit Press.

LA LINGUISTIQUE AUX FRONTIERES DE L'ANTHROPOLOGIE
ET DE LA PHÉNOMÉNOLOGIE

On se propose d'examiner ici quelques uns des points de contact entre la linguistique d'une part, l'anthropologie et la phénoménologie de l'autre, à partir d'une analyse de la langue grecque. Divers phénomènes grammaticaux appellent une explication d'ordre anthropologique : les particularités de la langue s'expliquent par une représentation du monde, qui passe par un filtre culturel.

1. UNE DÉFINITION PAR LA GRAMMAIRE DE L'INDIVIDU ET DU CORPS PROPRE

1.1. Le genre grammatical et les limites de l'arbitraire du signe linguistique : du sexe au genre.

Le genre grammatical est pour nous un phénomène typiquement arbitraire et immotivé : c'est une des sources des « fautes » grammaticales quand on passe d'une langue à une autre ; pourquoi la « maison » féminin en français a-t-elle un nom neutre en allemand : *das Haus* ? de même la « *neige* », féminin en français, correspond au contraire à un masculin en allemand : *der Schnee*. Plus étrange encore est la désignation d'un même « objet » du monde par des lexèmes de genres différents à l'intérieur d'une seule et même langue, ainsi en français *le navire, le bateau*, mais *la nef, la frégate*.

Dans les langues anciennes, l'arbitraire du genre vaut déjà pour une partie des substantifs (ex. οἶκος , « maison », masc. en grec au contraire du latin *domus* féminin ; en grec même οἶκος masculin coexiste d'ailleurs avec οἰκία féminin, sans que l'opposition grammaticale paraisse pertinente sémantiquement, de même pour χῶρος « endroit, espace, lieu » et χ ώ ρ α « campagne », avec dans ce cas une spécialisation sémantique des deux termes qui semble arbitraire). Aristophane[1] joue sur ce caractère arbitraire. Mais une grande partie du lexique manifeste au contraire une « motivation » fondamentale du genre, en relation avec le sexe : les noms masculins renvoient à des êtres du sexe mâle, les féminins de sexe féminin. Le genre « neutre » est appelé ainsi (grec ου δε'τ ε ρ ον) parce qu'il renvoie à des êtres qui ne sont ni masculin ni féminin, asexués si l'on veut. La grammaire comparée montre que cette opposition à trois termes est secondaire, et prolonge dans les langues anciennes historiquement attestées une opposition plus ancienne à deux termes, inanimé (neutre) / animé, ensuite subdivisé en masculin/féminin : c'est ainsi que l'on interprète la présence d'un certain nombre de féminins dans la flexion en −os du grec, −us du latin, marque du masculin en synchronie de l'époque classique (gr. ὁδός , latin *domus*) ainsi que l'existence d'un certain nombre de masculin en −a (grec ν ε α ν ι' α ς, π ο λ ι' τ η ς« régularisés » en partie, le latin *nauta* n'a pas subi cette régularisation). Le genre féminin de mots comme π ά ρ ϑ ε ν ο ς « jeune fille », βο ύ ς « vache », de masculins comme ν ε α ν ι' α ς « jeune homme » ou π ο λ ι' τ η ς « citoyen » — dans une culture où les femmes n'appartiennent pas au corps civique — n'a donc rien d'arbitraire, pas plus que le genre neutre des mots πῦρ et ὕδωρ, « feu » et « eau ». Mais on voit immédiatement que l'attribution du genre animé, et *a fortiori* le choix entre masculin et féminin, pour tous les « objets » du monde qui ne sont pas *naturellement* sexués relève donc, non pas de l'arbitraire du signe, mais d'une vision anthropomorphe du monde : à côté des noms neutres pour désigner des éléments inanimés comme « l'eau » et le « feu »[2], les Indo-européens ont eu des noms animés, qui sont alors de genres complémentaires, impliquant la représentation de ces éléments par couples : le feu est alors toujours un masculin (lat. *ignis* - cf. le dieu *Agni* en sanscrit), formant un couple soit avec l'eau (lat. *aqua, unda*) soit avec la divinité gardienne du foyer (*Hestia* en Grèce, *Vesta* à Rome)[3] : on voit que les langues anciennes et les mythes qu'elles ont portés jusqu'à nous convergent avec les analyses « poétiques » d'un G. Bachelard[4].

Le genre des éléments naturels implique de manière analogue une représentation de leurs « sexes » comme opposés et complémentaires : en latin comme en grec, le soleil masculin *(Sol,* ἥλιος, skr. *surya)* s'oppose à la lune, féminin (*luna*, σελήνη) mais inversement en allemand (*der Mond* « lune » / *die Sonne* « soleil »), et la terre (gr. γῆ , γαῖα, χϑών, lat. *terra*, skr. *prthivī* « La large, l'étendue ») au ciel (οὐρανός) ou au « jour lumineux » (Skr. *dyauh*, gr. Ζεύς , lat. *Iuppiter*)[5]. *La Théogonie* d'Hésiode confirme cette analyse puisqu'avant la naissance des dieux proprement dit du panthéon grec, elle place une *cosmogonie* qui est aussi une cosmologie : du *Chaos* primordial (gr. χάος, neutre) naissent la Nuit, fém. Νύξ, qui donne elle-même naissance à son contraire le Jour Ἡμέρα, et la Terre, féminin Γαῖα , qui par une sorte de scissiparité, donne naissance à Ciel, masculin Οὐρανός ; de l'union sexuelle primordiale entre Terre et Ciel naissent alors les premiers dieux. Le fils dernier-né de ce couple, Cronos, avec la complicité de sa mère, castre son père et prend ainsi la première place parmi les dieux, trône d'où son fils Zeus le chassera à son tour.

Un inventaire des substantifs à genre apparemment arbitraire conduit donc à dresser une sorte de grille des représentations anthropomorphes des éléments naturels, latente dans la langue et parfois explicite dans le mythe. La mythologie balte montre ainsi les rendez-vous amoureux du Soleil avec la Lune, toujours manqués et donc toujours recommencés...

1.2. Les verbes impersonnels

En français comme dans la plupart des langues du monde[6] existent des verbes, ou plutôt des « verboïdes » dont le paradigme grammatical est réduit à la seule 3e personne du singulier ou phrase nominale du type lat. *necesse* : il s'agit donc par excellence d'une « non personne », suivant la distinction due à E. Benveniste[7]. En cela le français prolonge le latin, et les trois classes sémantiques d'impersonnels qui s'y rencontrent :

verbes météorologiques

   (il pleut, neige, tonne etc.
   il fait chaud, humide, etc.
   il y a du brouillard, du soleil, etc.
   lat. *pluit, tonat, ninguit, calet...)*

verbes de sentiments, de sensation ou de jugement

   (il me semble, il me plaît, il m'en souvient, etc.
   lat. *me paenitet, placet, docet)*

verbes « modaux »

   (il faut, il est interdit, il est possible, nécessaire, etc.
   lat. *necesse)*

Les trois classes citées ici existent en grec, avec des divergences de détail pour les divers représentants de chacune :

météorologie :

$$\ddot{υ}ει \quad \text{« il pleut »,} \quad βρέμει \quad \text{« il tonne »}$$

sentiment, sensation, jugement,

$$δοκεῖ$$

modalités : $χρή$, $δεῖ$, $ἀνάγκη$

En grec, on a parfois soutenu que des verbes à sujet exprimé chez Homère (ex. $Zεὺς$ $\ddot{υ}ει$ « Zeus pleut ») seraient devenus impersonnels au cours de l'histoire de la langue. A partir de connaissances schématiques, de seconde main, on a même expliqué brillamment que le progrès du rationalisme explique l'occurrence de l'impersonnel $\ddot{υ}ει$ chez Thucydide, contrastant avec la construction homérique personnelle citée ci-dessus[8]. En fait, la méthode comparative[9] permet de constater l'existence de verbes impersonnels au moins pour la météorologie sur tout le domaine i.e. : on en conclut qu'une expression comme « il pleut » à l'impersonnel est la norme pour la communauté indo-européenne[10]. En ce sens, on peut même dire que c'est la langue homérique qui ici « rationalise » le phénomène en refusant l'existence d'une désinence verbale de troisième personne sans sujet-agent assignable : puisque l'on voit tomber la pluie ou la neige, l'homme homérique suppose une cause à l'effet, et fait l'hypothèse d'un dieu responsable. On peut parfois remarquer que le critère de l'impersonnel énoncé ci-dessus, la limitation paradigmatique à la seule troisième personne, reste valable dans cet état de la langue, jamais le Zeus homérique ne dit, à la première personne $\ddot{υ}ω$ « je pleux » *(pleus ?)*, jamais les autres dieux ne lui disent $\ddot{υ}εις$. Plus tard il semble que l'on ait utilisé la deuxième personne à l'impératif dans les prières pour demander la pluie, $\ddot{υ}σον$[11], ce qui nous semble pouvoir être interprété de la même manière que ci-dessus pour «$Zεὺς$ $\ddot{υ}ει$» : l'homme impuissant devant les phénomènes de la nature suppose une puissance cachée capable d'agir sur eux et s'adresse à elle à l'impératif. Mais il n'existe aucun locuteur susceptible de prendre à son compte la première personne correspondante.

Ainsi l'opposition entre verbes impersonnels et personnels constitue dans les sociétés anciennes un critère anthropologique des phénomènes perçus comme « arrivant » sans justification rationnelle du point de vue de l'être humain (qu'il s'agisse de la pluie, de la neige, de la nécessité absolue, du souvenir, du repentir ou du regret...) : la conscience linguistique ne peut leur assigner aucun sujet grammatical et utilise une « troisième » personne sans aucun référent, ou, dans le cas de la langue homérique, renvoie au monde divin de l'Olympe.

1.3 - Relation entre le neutre et l'impersonnel

Les deux derniers phénomènes grammaticaux évoqués montrent que à travers la flexion verbale comme la flexion nominale l'homme antique perçoit une différence majeure entre animé et inanimé : l'animé agissant est sujet virtuel d'un verbe et, parce qu'il est doué du langage et d'une structure sociale[12], est capable de représenter à la première personne ce qu'il fait et ressent[13] : l'animé « engendre » ainsi, dans un sens proche de la grammaire chomskyenne, tout le paradigme verbal (ὁ ἄνθρωπος λέγει→λέγω, λέγεις ...). Au contraire, le neutre, dans la reconstruction méthodique de la grammaire indo-européenne, n'est jamais sujet parce qu'il n'est pas agent d'une action. Il n'en est peut être que l'objet (δίδωσι τὸ δῶρον) ou le siège : c'est ainsi que l'on explique la coïncidence formelle entre les cas directs du neutre et l'accusatif animé (τὸ δῶρον : nom et acc. Cf. τὸν ἄνθρωπον; dans l'état ancien, le nominatif neutre n'existait pas ; il a emprunté sa forme à l'accusatif.

Parler d'une « parenté » entre le neutre et l'impersonnel n'implique évidemment pas l'existence d'un neutre et d'un impersonnel pour la même famille lexicale ou sémantique : la langue exclut la possibilité d'occurrences de syntagmes comme « la pluie pleut », « la neige neige », « le tonnerre tonne » (ὄμβρος ὕει , νίφα νείφει etc.), par suite de la définition de l'impersonnel donnée ci-dessus.

A côté des phrases complètes comme Θεαίτητος κάθηται , « Théétète est assis », Θεαίτητος πέτεται « Théétète vole », on voit que les philosophes auraient pu réfléchir sur la complétude d'énoncés comme ὕει , βροντᾷ , χρή :ce sont des énoncés grecs non elliptiques, et pourtant inanalysables en termes de sujet plus prédicat[14].

1.4. L'accusatif de relation et le double accusatif du tout et de la partie

L'existence en grec archaïque et classique de l'accusatif de relation, en grec homérique seulement du double accusatif du tout et de la partie, semble ne pouvoir s'expliquer autrement que par une relation de « possession inaliénable » entre la partie et le tout, ou le sujet et l'accusatif ($\dot{\alpha}\lambda\gamma\tilde{\omega}$ τοὺς πόδας « j'ai mal aux pieds »)[15]. On explique ainsi en français la différence de construction entre :

se *laver les mains* / *laver ses vêtements*
      la figure
se *couper les cheveux*   *couper sa robe*
se *raser la barbe*   *raser son caniche*
se *casser la jambe*   *casser sa tirelire*

(Signalons toutefois en argot le caractère troublant de se *casser la figure* : *casser sa pipe*).

Une enquête sur de telles classes de construction grammaticales permet donc une définition anthropologique de la « sphère personnelle »[16] en grec homérique et classique : elle comprend à l'époque classique les parties du corps, l'apparence physique (εἶδος) et ses qualifications axiologiques (« beauté/laideur ») ou non (taille, etc.), les organes mentaux (ψυχή, θυμός, φρήν etc.) A tous ces éléments le critère grammatical fait ajouter semble-t-il à l'époque homérique les *armes du guerrier* (lance et bouclier), qui sont donc conçues comme le prolongement de sa personne. Effectivement, la description du bouclier d'Achille au Chant XVIII de l'*Iliade* semble bien impliquer une représentation de la relation entre le héros et son arme défensive toute autre que ce qu'elle est à nos yeux. L'arme paraît être le symbole de l'identité du héros et en même temps un miroir du monde. Malheureusement le silence des textes ne permet pas d'hypothèses analogues sur la représentation antique de la « sphère personnelle » de la femme, peut-être réduite aux seules parties du corps physique. A partir du seul examen de faits grammaticaux dans les langues anciennes, spécialement en grec, on peut ainsi donner une approximation de la représentation anthropologique de l'individu et de la sphère personnelle. Ces phénomènes grammaticaux indépendants les uns des autres sont convergents, ce qui peut être considéré comme un élément de validation[17].

2. L'APPRÉHENSION LINGUISTIQUE DE L'ESPACE : VERS LA PHÉNOMÉNOLOGIE ?

2.1. La grammaticalisation des noms des parties du corps.

Il arrive qu'un élément lexical se grammaticalise et devienne un suffixe : ainsi en grec, le nom du « regard » ὤψ a servi à former des adjectifs composés où la valeur sémantique de -ωψ, -οψ est encore sensible (κύκλωψ « aux yeux ronds », αἴθοψ « aux yeux de braise ») ; mais quand de tels adjectifs qualifient des objets sans yeux ni figure même métaphoriques, on peut dire que le terme -οψ s'est vidé de tout contenu lexical : il est devenu une sorte de suffixe ; c'est le cas dans deux formules poétiques d'Homère :

— οἴνοπα πόντον : la mer lie de vin (à l'aspect de vin)
— αἴθοπα οἶνον : le vin brûlant (au goût de braise)

Le nom ὄψ ici sert à faire que le premier terme du composé change de catégorie grammaticale (αἴθω « brûler » est un verbe, οἶνος « vin » un nom : tous deux deviennent grâce à -οψ des adjectifs), à opérer la *translation* telle que Tesnière la conçoit (1969).

Mais il arrive aussi qu'un nom de partie du corps se grammaticalise en un sens qui me paraît plus intéressant et qui est syntaxique : il sert alors à établir des relations hiérarchisées entre les divers termes de la chaîne du discours. Ainsi en français, à partir du nom *face* désignant le « visage », on fait un adverbe *en face* et une locution prépositionnelle : *en face de*. En synchronie, la préposition grecque ἀντί « en face de » ne se rattache à rien. Mais la méthode comparative peut permettre de la rattacher étymologiquement à un nom i.e. du « visage », de la « face ». Sur ce point, la situation du hittite[19] est plus intéressante que celle du grec : dans cette langue, on trouve dans la même synchronie le nom de la face, *hant* « front, face, devant » la préposition *handa* « en face de », avec d'ailleurs des emplois « abstraits » au sens de « à cause de », d'où la locution *kuit handa* « pourquoi » (littéralement « à cause de quoi »), et le locatif adverbial *hanti* dont les sens abstraits « séparément, particulièrement » doivent s'expliquer à partir d'un sens local non attesté : « en avant ».

Dans le domaine indien, un phénomène analogue se rencontre avec le lexème hérité de l'i.e. *ok^W* « oeil, visage, face », qui, en composition avec divers préverbes, donne des adjectifs de position : skr. *apāka* « éloigné », *abhīka* « proche », *abhīke* préposition « près de » etc. En grec nous ne connaissons pas de prépositions ainsi formées mais l'adverbe εἰσωπα « face à face »[20] montre l'embryon d'un tel développement : il aurait suffi que cet adverbe soit construit avec un génitif nominal complément pour qu'il prît le statut prépositionnel, comme c'est arrivé en français à *en face* construit avec *de* et un complément nominal (lequel est interprétable en diachronie d'abord comme complément du nom *face*, ensuite comme complément prépositionnel de la locution *en face de*).

Le phénomène le plus intéressant du grec dans ce domaine est la préposition πεδά utilisée dans le dialecte dorien au sens de « derrière »[21] (en attique classique, c'est μετά que l'on trouve dans cet emploi). Bien qu'elle ait été parfois mise en doute, la relation avec le nom du « pied » semble évidente (gr. πούς, gén. ποδός, le latin *pes, pedis*, ainsi que les noms grecs du « sol » et de la « plaine » πέδον, πέδιον montrent le même vocalisme *e* que la préposition dorienne). Ainsi, en dorien, le nom du « pied », grammaticalisé, met en relation syntaxique un nom qu'il régit (au génitif) avec une phrase, ou un verbe, en se réduisant pour ainsi dire du point de vue lexical à la notion de « suite », ou, pour parler un peu comme Damourette et Pichon[22], d'« ultérieur ». Cette relation sémantique entre les pieds et l'ultériorité peut surprendre : les pieds sont tournés, si l'on peut dire vers l'avant plutôt que l'arrière, et sont le premier instrument du mouvement, de la marche humaine, qui se fait normalement vers l'avant : on pourrait donc s'attendre à une association inverse de celle que l'on constate. Outre que, suivant les principes saussuriens, une telle relation ne peut s'expliquer de manière isolée, mais seulement dans un système solidaire, dans lequel la dynamique de l'avant est associée d'emblée au visage et à la dynamique du regard plutôt qu'à celle de la marche, de plus il me semble que les pieds s'associent à l'arrière parce qu'ils laissent des *traces*.

A propos de πεδά, il est remarquable qu'on ne rencontre pour cette préposition en dorien que le sens local, alors que dans les autres dialectes grecs, l'équivalent μετά a développé à côté des valeurs spatiales un emploi temporel, « après ». Or μετά n'est pas rattaché à une famille lexicale connue. Tout se passe donc ici comme si la relation étymologique de πεδά avec le nom du pied bloquait le processus de métaphorisation temporelle de l'espace. Pour aller plus loin dans ce type d'hypothèse, il faudrait bien sûr s'appuyer sur un corpus dorien abondant et l'étudier de très près philologiquement.

Il existe en grec un nom archaïque de la « tête », κάρ (on ne connaît pas les autres formes de la flexion sinon sous la forme de dérivés : κρατη-, καρη-, κρανι-, etc). Or l'expression ἐπι κάρ, littéralement « sur la tête » est employée dans l'*Iliade*, XVI, 392, en parlant de torrents, ce qui a suscité diverses hypothèses « ingénieuses »[23]. Il pourrait être plus raisonnable et économique de supposer ici une amorce de grammaticalisation. La valeur adverbiale de la locution ainsi grammaticalisée serait « sens dessus-dessous », « tête la première ». L'expression κατὰ κρῆθεν, « à partir de la tête », dans l'*Iliade* (avec un référent humain) montre l'embryon d'un développement systématique dans le même corpus en synchronie. La rencontre chez Galien de ἀνα καρ avec le sens « vers le haut » confirme l'existence du système dans la langue évoluée et montre le rôle que pouvait jouer l'usage médical dans un tel développement.

Les noms du « pied et de la main » se sont *lexicalisés* très abondamment[24] : nous ne pouvons ici que faire allusion à ce processus de lexicalisation qui a son homologue en français avec le vieux nom de la tête hérité du latin *caput, chef.*

A côté du nom de la main conservé en grec χεί ρ, il a dû exister aussi un autre nom de la main (et du bras), γύη , qui n'existe plus en grec historiquement attesté que comme nom de mesure agraire (cf. fr. *brasse*) et d'instrument agricole. Les dérivés lexicaux manifestent la valeur juridique de la main comme symbole d'engagement, de garantie (ἐγγ υῶ, ἐγγυῶμαι). Mais par ailleurs, il existe un adverbe ἐγγύς , ἐγγύθι , ἐγγύθεν « près », qui n'a guère d'autre étymologie possible[25]. Il a dû signifier d'abord « en main » (cf. la locution française « à portée de main »), puis se grammaticaliser complètement. Les expressions *à droite, à gauche,* montrent en français un cas de grammaticalisation par *accord* et *ellipse* du terme nominal imposant l'accord au féminin : on dit *à droite* et non pas *à droit* ou *au droit*[26] parce que l'*adjectif* est originellement accordé avec le nom de la main (et on dit encore *à main droite, à main gauche,*) et que la fréquence de l'usage a entraîné une ellipse de ce nom. De même en grec pour toutes les expressions de la position à droite et à gauche : δεξιτέρη λαι ̓ η , σκαι ́η , εὐωνύμη̣[27] avec ellipse du nom χεί ρ , féminin comme le français main[28]. C'est ici un terme absent qui est grammaticalisé.

2.2. L'homme mesure de toutes choses

Il serait alors séduisant de conclure que la grammaticalisation de noms des parties du corps devenus des prépositions ou des adverbes sert à l'homme à penser et à exprimer sa position spatiale, et à élaborer son système de représentation de l'espace en fonction de plusieurs axes qui se rencontrent au centre de sa personne. On pourrait schématiser une telle représentation axialisée de la manière suivante, en généralisant à partir des données grecques analysées ci-dessus :

Schéma 1
Axialisation possible à partir de l'homme vu de face

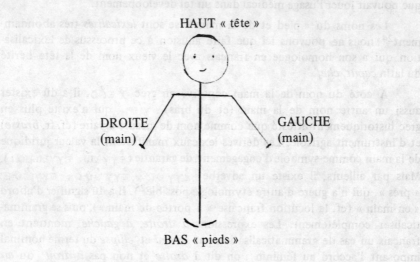

HAUT « tête »

DROITE (main)   GAUCHE (main)

BAS « pieds »

Schéma 2
A partir de l'homme vu de profil

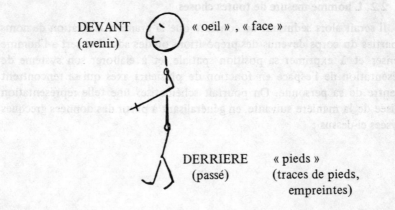

DEVANT (avenir)   « oeil » , « face »

DERRIERE (passé)   « pieds » (traces de pieds, empreintes)

A en croire cette schématisation, la grammaticalisation des noms des parties du corps sert donc pour tout le système de *relations*[29] spatio-temporelles : les axes essentiels du corps humain situent l'homme dans un espace orienté, qu'il perçoit comme orienté autour de ce que les phénoménologues appellent le « corps propre »[30], et le langage reproduirait cette perception en la structurant à sa manière. Si d'autres langues venaient confirmer cette vue inspirée par le grec avec quelques parallèles dans les langues vivantes, on pourrait conclure à un universel linguistique. La grammaticalisation des noms de la « porte » de la maison (grec *thuraze*, adverbe, « dehors », lat. *foris*, idem et *foras* « au dehors », arm. *durs*, idem, acc. pl. du subst. *durk'* « porte ») suggère que l'homme, au moins dans l'Antiquité, ne prend pas sa seule personne comme centre de référence, mais a besoin aussi, tel Archimède, pour opposer cette fois l'intérieur et l'extérieur, le dedans et le dehors, catégories capitales[31], d'un « point fixe ». La personne humaine, matérialisée par les limites de son corps, pourrait fournir ce point de référence, et la bouche, par exemple pourrait symboliser le point limite entre l'intérieur et l'extérieur, comme elle le fait pour nos forêts et de manière plus moderne pour notre métro[32]. Mais la personne humaine a le défaut de se mouvoir elle-même dans l'espace. Les notions DEVANT/DERRIERE, GAUCHE/DROITE peuvent facilement être pensées à partir de noms des parties de la personne humaine parce que ce sont des positions essentiellement *relatives* à la position du point de référence — que ce point soit lui-même constitué par une personne humaine ou non. Pour les notions INTÉRIEUR/EXTÉRIEUR, la « maison », lieu de référence de l'homme par excellence et « objet culturel » s'il en est, a l'avantage sur l'homme lui-même de rester à la même place[33]. On pourrait donc dire que la maison fait partie de l'homme sans avoir sa mobilité spatiale. De plus, l'homme « habite » la maison, et ainsi expérimente l'intériorité à partir d'elle, en y entrant et en sortant. Elle forme donc la matrice idéale pour penser l'intérieur et l'extérieur d'un objet quelconque.

Si l'on accepte cette extension des « parties du corps », la linguistique pourrait s'articuler avec l'anthropologie et la psychologie phénoménologique pour suggérer l'hypothèse suivante : dans le langage, l'homme perçoit l'espace (et subséquemment le temps) à partir de sa propre position, et il dénote les positions relatives des objets en se prenant lui-même comme axe de référence, c'est-à-dire en nommant les positions relatives à partir de termes désignant les parties de son corps ou de son environnement immédiat, qu'il prend pour point origine de tous ses axes de références.

On pourrait alors se demander si Protagoras n'aurait pas voulu résumer les implications philosophiques de cette hypothèse : ἄνθρωπος μέτρον πάντων « l'homme est la mesure de toutes choses » ? La linguistique viendrait-t-elle vérifier une intuition exprimée dès l'Antiquité ?

Il serait séduisant que le système des relations spatiales soit entièrement élaboré linguistiquement à partir des noms des parties du corps, et même, comme cela semble être le cas dans certaines langues, que l'expression des positions relatives soit dépendante de la position de l'être humain pris comme centre de référence : selon P. Roulon[34] « devant », « derrière », « en haut » ou « en bas » se disent différemment dans une langue africaine suivant que l'énonciateur se trouve assis, debout, couché sur le dos ou sur le ventre.

En Amérique du Sud, en mettant « ensemble » plusieurs langues ou dialectes (quechua, guarani, galibi, chontal)[35], on obtient le système de grammaticalisation à partir des noms de parties du corps que voici :

« dos » → « derrière »
« pied » → « bas » → « sous »
« viscères, coeur » → « intérieur » → « à l'intérieur de »
« visage » → « en face », « en face de »
« lèvres » → « bord », « au bord de »
« aile, nageoire » → « à côté de »
« trace de pas » → « en l'absence de »

Le système ne s'arrête pas à l'expression de la localisation spatio-temporelle, mais s'étend à l'expression de l'aspect et des modalités :

« talon » → « s'arrêter de »
« main » → « faire faire » (causatif-factitif)
« coeur » → « futur, volonté, désir »

Mais ce qui me semble remarquable, c'est qu'au terme d'un colloque « universalisant » sur le thème[36], on n'ait pu rencontrer aucun système linguistique où toutes les relations au moins spatiales soient exprimées par ce moyen. On en conclut que c'est le linguiste qui construit le système en Amérique du Sud, ou dans les langues indo-européennes, à partir d'une connaissance comparative (et parfois historique...) de langues qui ne sont jamais connues toutes d'un seul et même locuteur. Dans une langue, il n'existe que des bribes d'un tel système, d'où une universalité un peu suspecte, et la nécessité d'une réflexion méthodologique.

Le grec en particulier ne présente d'exemple sûr de grammaticalisation du nom d'une partie du corps en synchronie que pour la droite et la gauche (par absence du nom χεί ρ) et l'adverbe ϑύραζε « à l'extérieur » (*Od.* V. 410 ἁ λὸϛ... ϑύραζε « hors de la mer »). L'édifice peut alors paraître construit sur du sable.

En Grec, comme dans de nombreuses langues, l'axialisation du corps humain fournit un principe de conceptualisation et de dénomination des axes de référence de l'espace, du temps et d'autres relations plus abstraites. Dans les cas, nombreux, où l'on ne connaît pas d'étymologie des termes exprimant ces positions relatives, il n'est pas interdit de penser que certains termes ont eu une telle origine et que les parentés étymologiques ont disparu par suite de l'évolution lexicale. Bien sûr il n'est pas question de soutenir que tout le système de représentation spatiale est fondé sur une axialisation autour de la personne humaine : si l'on veut éviter de considérer la maison comme un prolongement du « corps propre », on peut même dire que l'amorce de grammaticalisation du nom de la « porte » observée en grec et en latin témoigne au contraire de la multiplicité des termes utilisés par l'homme comme référence dans la conceptualisation de ses catégories. Il est bien évident aussi qu'en grec comme probablement dans la plupart des langues, à côté de l'espace orienté autour de la « subjectivité » de la personne[37] pour utiliser les termes de Benveniste, on représente aussi les positions dans l'espace « objectif ». Surtout, ce qui nous paraît le plus important, c'est qu'en grec comme dans les langues indo-européennes modernes, l'homme se situe lui-même dans un espace orienté autour du point de référence à la fois permanent et mouvant qu'il constitue en utilisant un moyen d'expression beaucoup plus complexe et subtil que la grammaticalisation des parties du corps : le système déictique adverbial « ici/ailleurs » et verbal « aller/venir »[38]. Si l'on tient compte de cette possibilité de renvoyer à l'endroit où *je* me trouve tout simplement en le désignant comme tel, *«ICI»*, et de dire que l'interlocuteur ne s'y trouve pas mais va se déplacer dans cette direction en lui disant *«VIENS»*, la grammaticalisation des noms des parties du corps apparaît alors comme un moyen de l'axialisation de l'espace autour de la personne, certes, mais un moyen embryonnaire : pour utiliser une image, suivant le modèle saussurien des images du jeu d'échec et de la tige végétale, la grammaticalisation des noms des parties du corps pour la représentation de l'espace est au système verbo-adverbial de référence ce que dans l'écriture le pictogramme est à la lettre alphabétique. Si l'origine d'un terme de référence comme nom d'une partie du corps est encore sensible dans la synchronie, c'est que ce terme *représente* encore la perception de l'espace à partir du corps. La référence à l'espace orienté en fonction de l'opposition ici/maintenant suppose au contraire un détachement de cette représentation, une abstraction supérieure de la perception de l'espace, et donc un parfait arbitraire du signe linguistique.

Françoise LÉTOUBLON
Université de Grenoble III
et UA 1230

1. *Nuées* 658-685.

ΣΩ. Ἀλλ' ἕτερα δεῖ σε πρότερα τούτων μανθάνειν,
τῶν τετραπόδων ἅττ' ἐστὶν ὀρθῶς ἄρρενα.

ΣΤ. Ἀλλ' οἶδ' ἔγωγε τἄρρεν', εἰ μὴ μαίνομαι·   660
κριός, τράγος, ταῦρος, κύων, ἀλεκτρυών.

ΣΩ. Ὁρᾷς ἃ πάσχεις; Τήν τε θήλειαν καλεῖς
ἀλεκτρυόνα κατὰ ταὐτὸ καὶ τὸν ἄρρενα.

ΣΤ. Πῶς δή, φέρε;
ΣΩ.   Πῶς; Ἀλεκτρυὼν κἀλεκτρυών.

ΣΤ. Νὴ τὸν Ποσειδῶ. Νῦν δὲ πῶς με χρὴ καλεῖν;   665
ΣΩ. Ἀλεκτρύαιναν, τὸν δ' ἕτερον ἀλέκτορα.

ΣΤ. Ἀλεκτρύαιναν; Εὖ γε, νὴ τὸν Ἀέρα·
δῶσ' ἀντὶ τούτου τοῦ διδάγματος μόνου
διαλφιτώσω σου κύκλῳ τὴν κάρδοπον.

ΣΩ. Ἰδοὺ μάλ' αὖθις τοῦθ' ἕτερον· τὴν κάρδοπον   670
ἄρρενα καλεῖς θήλειαν οὖσαν.

ΣΤ.   Τῷ τρόπῳ;
"Ἄρρενα καλῶ 'γὼ κάρδοπον;

ΣΩ.   Μάλιστά γε,
ὥσπερ γε καὶ Κλεώνυμον.

ΣΤ.   Πῶς δή; φράσον.
ΣΩ. Ταὐτὸν δύναταί σοι κάρδοπος Κλεωνύμῳ.

ΣΤ. Ἀλλ', ἀγάθ', οὐδ' ἦν κάρδοπος Κλεωνύμῳ,   675
ἀλλ' ἐν θυείᾳ στρογγύλῃ γ' ἀνεμάττετο.
Ἀτὰρ τὸ λοιπὸν πῶς με χρὴ καλεῖν;

ΣΩ.   Ὅπως;
τὴν καρδόπην, ὥσπερ καλεῖς τὴν Σωστράτην.

ΣΤ. Τὴν καρδόπην; Θήλειαν;
ΣΩ.   Ὀρθῶς γὰρ λέγεις.

ΣΤ. Ἐκεῖνο δ' ἦν ἄν, καρδόπη, Κλεωνύμη.   680
ΣΩ. Ἔτι δέ γε περὶ τῶν ὀνομάτων μαθεῖν σε δεῖ,
ἅττ' ἄρρεν' ἐστίν, ἅττα δ' αὐτῶν θήλεα.

ΣΤ. Ἀλλ' οἶδ' ἔγωγ' ἃ θήλε' ἐστίν.
ΣΩ.   Εἰπὲ δή.

ΣΤ. Λύσιλλα, Φίλιννα, Κλειταγόρα, Δημητρία.
ΣΩ. Ἄρρενα δὲ ποῖα τῶν ὀνομάτων;
ΣΤ.   Μυρία·   685
Φιλόξενος, Μελησίας, Ἀμυνίας.

SOCRATE. — Mais il en est d'autres qu'il te faut apprendre avant celle-là : parmi les quadrupèdes, quels sont ceux qui sont proprement masculins.

STREPSIADE. — Mais je les connais, les masculins, à moins que je sois fou : bélier, bouc, taureau, chien, ...oiseau'.

SOCRATE. — Vois-tu ce qui t'arrive? La femelle, tu l'appelles « oiseau » tout comme le mâle.

STREPSIADE. — Comment donc? Voyons.

SOCRATE. — Comment? « Oiseau » et « oiseau ».

STREPSIADE. — En effet, par Posidon. Mais enfin, comment me faut-il l'appeler?

SOCRATE. — « Oiselle », et l'autre « oison ».

STREPSIADE. — Oiselle? Fort bien, par l'Air. Aussi, rien que pour cette leçon-là, je remplirai comble de farine, en rond, ton pétrin, ta « cardopos' ».

SOCRATE. — Là! En voici d'une autre. Tu dis « ta cardopos » faisant masculin un mot qui est féminin.

STREPSIADE. — De quelle manière? Je fais masculin « cardopos? »

SOCRATE. — Absolument, comme quand tu dis Cléonymos.

STREPSIADE. — Comment donc? Explique.

SOCRATE. — Tu donnes la même valeur à « cardopos » qu'à Cléonymos.

STREPSIADE. — Mais, mon bon, il n'avait même pas de « cardopos », Cléonymos; c'est dans un mortier rond qu'il avait coutume de pétrir'. Mais, désormais, comment me faut-il dire?

SOCRATE. — Comment? La « cardopé », comme tu dis la Sostraté.

STREPSIADE. — La « cardopé », au féminin?

SOCRATE. — En effet, c'est parler correctement.

STREPSIADE. — C'est donc cela qu'il faudrait dire : carlopé, Cléonymé.

SOCRATE. — Il te faut encore, à l'endroit des noms propres, apprendre lesquels sont masculins et lesquels sont féminins.

STREPSIADE. — Mais je sais lesquels sont féminins.

SOCRATE. — Dis-en donc.

STREPSIADE. — Lysilla, Philinna, Clitagora, Démétria.

SOCRATE. — Et les masculins, quels sont-ils parmi les noms?

STREPSIADE. — Une infinité : Philoxénos, Mélèsias, Amynias...

---

2. Les mots grecs cités ci-dessus sont de flexion et de structure extrêmement archaïques et ont des correspondants dans les langues voisines : ces correspondances font remonter les mots et leur genre neutre ou inanimé à une préhistoire indo-européenne très reculée, voir Meillet (1921, pp. 215-220) et Bonfante (1954).

3. Pour l'aspect linguistique du problème, voir surtout Meillet, *op. cit.* L'étude des mythes peut servir ici à confirmer les conclusions tirées de la grammaire (voir principalement, J.P. Vernant, 1963 = 1971[2], 124-170 et en dernier lieu M. Detienne, 1985).

4. Bachelard, 1942 (1978), et 1949 (1971).

5. Voir Haudry, 1979, 50 et 1981, 32-37.

6. Sur les différents problèmes linguistiques posés par l'impersonnel, voir le volume dirigé par J. Chocheyras (1985) avec les contributions de F. Létoublon, J.P. Maurel sur les langues anciennes, J. Chocheyras, et M. Maillard sur le français, L. Dabène sur l'espagnol, B. Okiwelu sur l'igbo et M. Kesik sur les problèmes généraux. Pour le japonais, on peut voir aussi N. Ruwet (1986).

7. « Structure des relations de personne dans le verbe », *BSL* 43, 1946 - 1966, 225-236, « La nature des pronoms », *Hommages R. Jakobson*, La Haye, 1956 - 1966, 251-257.

8.Voir la note 8 de Ruwet (1986) sur ce point, avec les renvois bibliographiques et les intéressants parallèles stylistiques chez Bossuet et chez Shakespeare au passage d'Aristophane qu'il cite en exergue :*Nuées* 367 Ἀλλά τις ὕει ;
Une réflexion analogue sur l'emploi des prépositions et des voix verbales dans l'expression de la perception peut suggérer une « grammaire de la perception » et une analyse de la représentation linguistique de cette activité (voir Burnyeat, 1976).

9. On renverra essentiellement à Meillet, 1970, et Haudry, 1979.

10. Voir les témoignages cités par P. Chantraine (Dict. Etym., s.v. νείφει : avestique, vieux haut allemand, lituanien, latin, vieil irlandais).

11. Forme citée par Chantraine, *Dict. Etym. s.v* ὕω (sic !) alors qu'il met « neiger » sous l'entrée νείφει ; on trouve aussi la première personne du pluriel chez Aristophane, ὕομεν *Nuées*, 1118-1129, ce qui peut être considéré comme un jeu de langage : comme ci-dessus pour le genre, Aristophane fait souvent de la réflexion métagrammaticale une source de rire (sur une exploitation analogue de la réflexion sur les voix verbales dans *Lysistrata*, voir Létoublon-Maurel, 1985, 16 et 21).

12. Aristote établit fermement un lien entre la nature sociale de l'homme et le développement du langage (*Politique*, I,10 (1252)) et à en croire le *Protagoras* de Platon c'était peut-être déjà la position du célèbre sophiste.

13. Et puisque les animaux sont sexués, ils sont représentés en grec archaïque comme pensant et parlant : on citera le cheval d'Achille, Xanthos, et le chien d'Ulysse, Argos : le premier parle et pleure à l'idée de la mort de son maître, le deuxième meurt d'émotion – et de vieillesse – en revoyant le sien.

14. Platon, *Sophiste*, 263 a.

ΞΕ. « Θεαίτητος κάθηται ». Μῶν μὴ μακρὸς ὁ λόγος ;

ΘΕΑΙ. Οὔκ, ἀλλὰ μέτριος.

ΞΕ. Σὸν ἔργον δὴ φράζειν περὶ οὗ τ' ἐστὶ καὶ ὅτου.

ΘΕΑΙ. Δῆλον ὅτι περὶ ἐμοῦ τε καὶ ἐμός.

ΞΕ. Τί δὲ ὅδ' αὖ ;

ΘΕΑΙ. Ποῖος ;

ΞΕ. « Θεαίτητος, ᾧ νῦν ἐγὼ διαλέγομαι, πέτεται ».

15. B. Jacquinod, 1981, l'analyse de ce type de phénomène en linguistique française remonte à Bally (1926) et Frei (1949).

16. Expression empruntée à C. Bally, 1926.

17. Sur ce principe méthodologique en linguistique homérique (exportable ailleurs), voir F. Létoublon, 1985, en particulier 10-12.

18. Expression prise au sens de Milman Parry et de son école.

19. Voir sur la situation du hittite et du sanskrit, la communication de G. Pinault le Colloque de Paris IV, 1985 (P. Valentin à paraître).

20. Voir Chantraine, *Dict. Etym. s.v.* ὄπωπα.

21. Schwyzer-Debrunner, II, 498 ; Chantraine, *Dict. Etym., s.v.* πεδά, πούς .

22. Les différents tomes de *Des mots à la pensée* s'échelonnent de 1911 à 1936.

23. Chantraine, *Dict. Etym., s.v.* κάρ .

24. Sur le « pied » et la notion d'entrave on a fait ἐμποδῶν/ ἐκποδῶν , d'où les verbes ἐμποδίζομαι / ἐκποδίζομαι « embarrasser/débarrasser », lat. *impedire/expedire*. Sur le nom de la « main », voir surtout ἐγχειρίζομαι « prendre en main » d'où « entreprendre ».

25. Chantraine, *Dict. Etym. s.v* ἐγγύς «il est tentant de retrouver dans ἐγγύς le vieux nom de la main que l'on a dans ἐγγύη ».

26. On entend cette dernière expression en français provincial, mais dans le sens de « directement ».

27. Chantraine, 1956.

28. La féminité de la main et la masculinité du pied pourraient donner lieu à une recherche dans le prolongement de mon premier paragraphe : voir le chapitre « parties du corps » de Meillet, (1921 = 1982, pp. 226-227).

29. On voit que nous ne prenons plus ici ce terme de *relation* dans le sens dans lequel B. Pottier le prenait en 1962. Pour nous, il s'agit ici des éléments linguistiques permettant d'exprimer les relations de l'homme au monde et en particulier à l'espace-temps, et leur *relativité* est essentielle. Il me semble qu'ils correspondent au moins partiellement à ceux que Pottier (1962 : 132) appelle *relateurs* et Wagner (1936) *coordonnées*.

30. Voir principalement Merleau-Ponty, 1964, en particulier sur le corps propre et sa relation à l'espace, les chapitres 2, 3 et 4 de la première partie, et sur le mode d'appréhension de l'espace, le chapitre 2 de la deuxième partie.

31. Sur cette représentation de la porte de la maison comme limite entre l'intérieur et l'extérieur chez les Indo-européens, voir essentiellement Benveniste, 1969, 312-313). En anthropologie, on sait l'importance des « rites de passage » permettant justement de transgresser cette limite capitale.

32. Dans les locutions *orée du bois* et *bouche de métro*.

33. Les Grecs considèrent le nomadisme comme une bizarrerie tout à fait étrangère à leur culture, témoin Hérodote et les Scythes dans son livre IV. Donc la maison est « stable ». Mais il faut ajouter que sa position n'est pas stable objectivement, comme l'est celle d'une ville ou d'un monument public : la position de « la maison » comme terme de référence change avec la référence de l'auteur de l'énonciation, en fonction du « je ». C'est en ce sens que pour nous, elle fait partie de la définition de la personne comme les pieds ou les mains.

34. Contribution sur le gbaya kara ' bodoe (langue parlée en Centre-Afrique) au Colloque de 1985 (Valentin, à paraître.).

35. Contribution des chercheurs de l'U.A. 1026 du CNRS sur les langues amérindiennes.

36. Telle m'a semblé être la visée du colloque de Paris IV organisé par B. Pottier et P. Valentin. La publication des Actes montrera si cet objectif a changé grâce au Colloque.

37. On renverra particulièrement aux articles « Structure des relations de personne dans le verbe », « La nature des pronoms », « De la subjectivité dans le langage » (Benveniste, 1966), et « L'appareil formel de l'énonciation » (idem, 1974).

BIBLIOGRAPHIE

Bachelard G. - 1942, *L'eau et les rêves. Essais sur l'imagination de la matière*, Paris, Corti, 2e ed. 1978 (idem).
1949 - *La psychanalyse du feu*, Paris, Gallimard, nombreuses rééd., depuis 1971 dans la Coll. Idées).

Bally C. - 1926, « L'expression des idées de sphère personnelle et de solidarité dans les langues Indo-européennes », *Festschrift, L. Cauchat*, Aarau.

Benveniste E. - 1969, *Le vocabulaire des institutions Indo-européennes*, Paris, Minuit, 2 tomes.
1966, *Problèmes de linguistique générale*, Paris, Gallimard.
1974, *Problèmes de linguistique générale II*, Paris, Gallimard.

Bonfante G. - 1954, « L'animismo nelle lingue i.e. », *Mélanges A. Debrunner*, Berne, 33-56.

Burnyeat M.F. - 1976 « Plato on the Grammar of Perceiving », *Classical Quarterly*, 26, 29-51.

Chantraine P. - 1956, « Les mots désignant la gauche en grec ancien », *Gedenkschrift, Paul Kretschmer*, 1, 61-69.
1968-1970, *Dictionnaire étymologique de la langue grecque. Histoire des mots*, Paris, Klincksieck.

Chocheyras J. - 1985, *Autour de l'impersonnel*, Grenoble, (ELLUG, Université de Grenoble III).

Damourette J. - Pichon E. - 1911-1936, *Des mots à la pensée. Essai de grammaire de la langue française*, Paris.

Détienne M. - 1985, « La cité en son autonomie. Autour d'Hestia », *Quaderni di storia*, 22, 59-78.

Frei H. - 1949, « Sylvie est jolie des yeux », *Mélanges Charles Bally*, Genève, 185-192.

Haudry J. - 1979, *L'indo-européen*, Paris, P.U.F., *Que Sais-je ?*
1981, *Les Indo-européens*, Paris, P.U.F., *Que sais-je ?*

Jacquinod B. - 1981, « La notion de possession inaliénable et les langues classiques », *L'information grammaticale*, 10, 12-16.

Létoublon F. - 1985, *Il allait, pareil à la nuit. Les verbes de mouvement en grec. Supplétisme et aspect verbal*, Paris, Klincksieck.

Létoublon F. - Maurel J.P. - 1985, « Passif et impersonnel » in Chocheyras, 7-33.

Meillet A. - 1970, *La méthode comparative en linguistique historique*. Paris, Champion, republication d'après l'éd. originelle d'Oslo, 1925.
1975, 1982, *Linguistique historique et linguistique générale*, Paris, Champion-Slatkine, recueil d'articles.

Merleau-Ponty M. - 1964, *Phénoménologie de la perception*, Paris, Gallimard.

Pottier B. - 1962, *Systématique des éléments de relation. Etude de morpho-syntaxe structurale romane*. Paris , Klincksieck.

Ruwet N. 1986, « Notes sur les verbes météorologiques », *Revue québécoise de linguistique*, Hommage à J. Mac A'Nulty.

Schwyzer E. - Debrunner A. - 1960 - *Griechische Grammatik II*, Syntax und Stylistik. München, Beck.

Tesniere L. - 1969, *Eléments de syntaxe structurale*[2], Paris, Klincksieck.

Valentin P. - A paraître - Actes du Colloque de Paris IV sur *la Grammaticalisation des noms des parties du corps* (nov. 1985).

Vernant J.P. - 1963, « Hestia-Hermès. Sur l'expression religieuse de l'espace et du mouvement chez les Grecs », *Revue française d'anthropologie*, 3, 12-50, repris dans 1965, *Mythe et pensée chez les Grecs*, Paris, Maspéro, 97-143.

Wagner R.L. - 1936, « Coordonnées spatiales et coordonnées temporelles », *Revue de linguistique romane*, 12, 144-164.

LA NOTION DE SYSTEME EN PHILOSOPHIE

INTRODUCTION

L'importance d'une interrogation sur la notion de système en philosophie peut se mesurer à l'oscillation permanente de ce discours entre plusieurs types de « présentations ». Occupant apparemment l'espace situé entre la borne poétique et la borne mathématique du langage, la philosophie, dès l'origine, ne semble pas particulièrement liée à un mode d'expression spécifique, dès l'instant qu'il est intelligible : les paroles présocratiques, par exemple, même si l'état dans lequel elles nous parviennent ne renvoie plus qu'à des oeuvres tronquées, relèvent souvent de ce que nous appellerions aujourd'hui la fonction poétique du langage. Et il en va de même de toute pensée de type aphoristique, de l'art de la sentence jusqu'aux « dithyrambes » nietzschéens. A l'inverse, nombre d'oeuvres ont, à l'évidence, appuyé leur méthodologie sur une visée référentielle : *l'Ethique* de Spinoza, les *Recherches Logiques* de Husserl, le *Tractatus* de Wittgenstein, se réclament explicitement de la pensée déductive. Entre les deux, que trouve t-on, sinon des discours « mixtes », combinant à la fois des moments déductifs et d'autres plus « intuitifs », où l'argumentation se fait moins apparente. Dans cet ensemble, on rencontre encore des « genres » extrêmement divers : parmi d'autres, ceux de la lettre, du journal, de la maxime, du fragment, de l'essai, et bien entendu, du système. Ce dernier, après avoir caractérisé la forme des doctrines de l'Age classique et atteint son sommet dans l'idéalisme allemand semble être ensuite progressivement tombé en désuétude. Quel peut donc être le sens d'une réflexion sur la systématicité si tant est que ce « genre » à supposer qu'elle en soit un, ne renvoie plus désormais qu'à un aspect relativement limité, peut-être inessentiel et, en tout cas, aujourd'hui apparemment abandonné, de l'expression philosophique ?

Le propre du questionnement philosophique est de savoir peut-être se faire parfois intempestif. Aujourd'hui, pour des raisons diverses (philosophiques, épistémologiques, historiques), dans l'examen desquelles nous ne pouvons entrer, une partie de la philosophie condamne l'idée d'une pensée dans la perspective d'une totalité, qu'on assimile souvent abusivement à une pensée totalisante (anti-science), voire à une pensée totalitaire (anti-pensée). Et l'on préfère naturellement, par prudence, par modestie, mais aussi peut-être par facilité, s'exprimer dans des formes qui privilégient la dispersion ou l'éclatement. Cette recherche de la légèreté semble encore s'autoriser d'une nouvelle objectivité : avec les études (quantitatives) de la structure fine des lexiques, les architectures philosophiques apparaissent plus faillées. Des disjonctions les traversent, que le monument lui-même ne maîtrise pas. Le concept de « système » n'est-il pas, dès lors, remis en cause, y compris pour des doctrines qui, explicitement, s'en réclamaient ? Ainsi, le système ne serait pas seulement cette imposture, cette illusion dangereuse ou cette production fantasmatique souvent dénoncée par les philosophes eux-mêmes, il serait désormais, aux yeux des historiens, surtout une impossibilité de fait. Avant de souscrire à une telle interprétation, il convient cependant de faire retour sur ce concept ambigu et pourtant incontournable de la pensée.

1/ Dans un premier temps, nous voudrions, à grands traits, retracer l'histoire de la notion de système, qui commence par être un mot avant d'être un concept, et dont la signification s'infléchit essentiellement en deux points singuliers (l'Age Classique et l'Idéalisme Allemand).

2/ Nous essayerons ensuite de commenter les principaux apports de la méthodologie structurale, que des historiens comme M. Guéroult et V. Goldschmidt ont introduit en histoire de la philosophie, en précisant ses conséquences sur le concept de système.

3/ Enfin nous nous interrogerons sur les limites des méthodes quantitatives en histoire de la philosophie. Le concept de système est-il encore opératoire, dès lors qu'on s'attache au « détail lexicographique » ? Le monument lui-même éclate-t-il à travers le repérage minutieux de la périodicité, des tensions internes, voire des contradictions ? Ces moyens nouveaux nous aident-ils, au contraire, à comprendre ce que peut-être une cohérence au sein même du langage, c'est-à-dire, une cohérence qui diffère assez sensiblement de celle qui caractérise un système formel, et qui peut-être pourrait constituer une spécificité ? Telles sont les questions vers lesquelles nous voudrions nous diriger.

1/ HISTOIRE DE LA NOTION DE SYSTEME

Qu'appelle-t-on « système philosophique » ? Et d'abord, qu'appelle t-on, en premier lieu « système » ? Le mot a une origine grecque : systèma vient de sun-istèmi, je compose, et il présente dès l'origine, deux aspects fondamentaux. Il désigne en effet aussi bien une réelle disposition ordonnée qu'une simple juxtaposition, voire même un amoncellement ou un amas. Sustèma est, par exemple, une notion familière aux physiciens comme aux militaires : on utilise en effet l'expression « sustéma tou somatou », système du corps, pour désigner la disposition des organes dans un être vivant et on appelle « to tès phalaggos sustèma », autrement dit « système de la phalange », la disposition des troupes alignées dans une certaine formation propre au combat. On constate également, en Grèce ancienne, que la notion de système est connue des médecins qui l'utilisent pour désigner notamment l'accumulation ou l'engorgement du sang ou des humeurs. Par conséquent, à cette époque, le mot « système » n'a, si l'on peut dire, rien de systématique, en tout cas, il est loin de recouvrir le sens du concept de système, tel qu'il sera employé plus tard par les philosophes. Comment cette notion de « système » qui a d'abord ce sens concret d'« organisation matérielle » a t-elle pu évoluer vers des significations plus abstraites ?

C'est par l'intermédiaire de l'astronomie que le mot « système » a pu être utilisé par la suite dans le domaine de la connaissance. Les grecs, déjà, nommaient le kosmos « sustèma ex ouranou kai gès », autrement dit « système de la terre et du ciel » et les Stoïciens latins reprendront l'expression de « systèma mundi ». Bien que la Renaissance ait contribué à répandre le mot système et à en accroître le champ sémantique, c'est la révolution galiléenne qui fera descendre, si l'on peut dire, le système du ciel sur la terre. On note déjà, aux alentours de 1610, des emplois du mot système à propos de théories abstraites. Mais le tournant intervient véritablement en 1632, avec l'un des plus célèbres écrits de Galilée : *Dialogue sur les deux principaux systèmes du monde*. Comme l'écrit G. Gusdorf, « c'est le moment où le mot prend un sens analogique, pour s'appliquer à certaines procédures de pensée qui visent à constituer un ensemble fermé de notions, aussi rigoureusement liées entre elles que les corps célestes constituant le Cosmos. L'idée se fait jour que le penseur procède à un arrangement général de l'espace mental, dont l'économie évoque celle des astres »[1].

Peu importe la filiation exacte des idées. Ce qu'on constate en tout cas, c'est que le mot « système » ne s'impose pas d'emblée en philosophie, puisque ni Descartes ni Spinoza, par exemple, n'exposent leur système dans des ouvrages qui comporteraient ce mot dans leur titre. En fait, le concept de système, dans son nouveau sens, se précise seulement dans la seconde moitié du XVIIe siècle. Là, « système » en vient à signifier une approche particulière d'un certain sujet, une théorie précise ou une doctrine le concernant, prenant ainsi la forme d'un complexe organisé et concordant d'hypothèses, une sorte de « noeud de vérités ». Malebranche pourra alors consacrer un chapitre de son ouvrage *De la Recherche de la Vérité* (Tome 1, IIème livre, chap. VII) aux « inventeurs de nouveaux systèmes » et à l'imagination qui les caractérise. Leibniz parlera de son nouveau système de l'harmonie préétablie ou de la communication des substances et, l'opposant aux autres, il se fera le promoteur d'expressions qui naissent à cette époque comme « le système des causes occasionnelles » ou « le système stoïcien de la moralité ». Comme le montre N. Rescher, dans l'un des rares ouvrages récents consacrés à la systématisation cognitive, « le système est alors conçu comme une doctrine ou un enseignement, dans son développement compréhensif, c'est-à-dire, systématique »[2]. Pourtant, alors même que l'on pratique la systématicité, on n'a pas encore une réflexion véritable sur les systèmes philosophiques. C'est au XVIIIe siècle seulement, au moment où, sous l'influence de la tradition empiriste, les systèmes de l'Age Classique seront tombés dans un certain discrédit, qu'on voit apparaître les premiers théoriciens de la systématicité philosophique : Condillac en France, Kant et Lambert en Allemagne.

Quels sont, selon ces théoriciens, les principaux paramètres de la systématicité ? On peut les regrouper sous trois rubriques :

1) La complétude : le système doit être tel qu'il ne lui manque rien. Il doit donc embrasser la totalité du réel et en même temps être autosuffisant.

2) La consistance : le système ne doit pas enfermer de contradictions, de discordances internes. Il doit être cohérent et cette cohésion doit se manifester par la connexion de toutes les parties.

3) L'économie des moyens : l'exigence logique de consistance se transforme au niveau de la présentation, en une sorte d'exigence esthétique d'harmonie et d'efficacité maximum : le système doit être à la fois proportionné et équilibré. Il doit donc répondre à une exigence d'unité architectonique. Mais il doit par là-même être aussi le plus simple et le mieux ordonné, le plus régulier et le plus fonctionnel[3].

Au plan des réalisations, il y a plusieurs manières de traduire ces exigences :

a) Pour satisfaire à la nécessaire unité architectonique, on peut vouloir que le système repose sur le plus petit nombre de principes. C'est l'idée que défend Condillac dans son *Traité des Systèmes*, et dont il pense qu'elle ne caractérise pas suffisamment les systèmes de l'Age Classique : ceux-ci posent en effet des principes tellement abstraits qu'ils ne peuvent s'appliquer à l'expérience et sont ensuite obligés d'introduire des propositions ad hoc pour rejoindre la réalité. A la limite, dans cette perspective, on voudra faire reposer le système sur un seul principe : ce sera encore l'idée d'un Fichte dans la *Doctrine de la Science*.

b) Il y a une deuxième manière de réaliser l'exigence de systématicité : c'est de penser que le système ne doit pas être simplement linéaire, donc avoir la forme d'une chaîne d'éléments ou d'une chaîne de partitions (taxinomie), mais qu'il doit, pour réaliser pleinement les exigences de consistance et de cohésion maximales, prendre une structure de « réseau ». Il ne suffit pas que les principes premiers démontrent les autres, il doit y avoir interaction générale. Du point de vue génétique en effet, lorsque le système se construit, il y a bien une unité dès le départ et toutes les parties se développent ensemble. C'est ce que montrera Kant dans la partie architectonique de la *Critique de la Raison Pure*.

c) La troisième manière de réaliser l'exigence de systématicité est une variante de la précédente : c'est la circularité. Pour être vraiment complet et autosuffisant, le système ne doit pas se contenter d'être l'image de la réalité, autrement dit de l'ensemble des choses sauf de lui-même. Le système fait lui-même partie du monde qu'il décrit. Par conséquent, la pensée qui le développe ne doit pas rester extérieure à son objet : il faut qu'elle se démontre elle-même. La justification du commencement, du « premier principe », autant que de la méthode viendra donc à la fin, non pas au début. Le système, ainsi, se bouclera sur lui-même. En termes formels, on dira que le graphe associé à l'ensemble de ses énoncés ne sera plus seulement connexe mais cyclique. Ces conditions ne vont pas sans poser quelque problème du point de vue logique : comment un système philosophique pourrait-il s'auto-démontrer, alors qu'aucun système logique d'une puissance supérieure ou égale à celle de l'arithmétique élémentaire ne peut décrire intégralement sa propre structure (théorème de Gödel) ?[4]. Quelle que soit l'issue d'une telle interrogation, il est clair que c'est sous cette dernière forme que s'accomplit véritablement, en particulier avec Hegel, l'essence même de la pensée systématique en philosophie.

Avant d'étudier plus précisément quelques unes de ses réalisations, demandons-nous comment s'explique cette multiplicité dans la forme. Nous avons cité trois types de présentation : la linéaire, l'organique, la circulaire. Pourquoi celles-ci et non pas d'autres ? Comment passe t-on de l'une à l'autre ? D'abord, il est clair que, lorsque Condillac, au début du *Traité des Systèmes*, définit le premier la systématicité, il n'a pas précisément en vue la systématicité philosophique. Il parle en général de « la disposition des différentes parties d'un art ou d'une science, dans un ordre où elles se soutiennent toutes mutuellement et où les dernières s'appliquent par les premières ». Visiblement, le modèle originel est mathématique et l'ordre (linéaire) en question ne convient pas spécifiquement à l'exposé philosophique. On peut même dire que c'est pour lui un ordre emprunté, et dont on peut d'ailleurs se demander si les systèmes de l'Age Classique, qui s'en rapprochent le plus, le vérifient vraiment. En effet, même à cette époque où la pensée cohérente s'identifie essentiellement à la pensée déductive et où le modèle de l'ordre se trouve surtout dans la pensée euclidienne, la philosophie ne satisfait jamais vraiment cette exigence. Chez Descartes, par exemple, « l'ordre des raisons » n'est pas absolument linéaire : Il y a des propositions des *Méditations Métaphysiques* qui ne sont établies qu'au moyen de plusieurs séries de preuves qui convergent dans une sorte de « nexus » : par exemple, ce n'est pas la même série qui prouve le « cogito » et qui démontre l'existence de Dieu. Il y a deux séries, l'une qui vient du cogito, l'autre de l'idée de parfait, et ces deux séries s'entrecroisent en un point donné, la première preuve de l'existence de Dieu. Descartes lui-même, qui réclame, dans la préface des *Méditations*, qu'on soit attentif à l'ordre et à la liaison de ses raisons, semble, dans les *Réponses aux 5èmes Objections* subordonner cet ordre à la notion de cohérence (coherentia), dont il dit qu'elle est telle que « pour la preuve de chaque question, toutes les choses qui la précèdent y contribuent et une grande partie de celles qui la suivent ». Il y a donc en fait une double interaction dans le système : d'une part, entre des séries différentes, d'autre part, entre l'avant et l'après dans chaque série.

On pourrait remarquer également, chez Spinoza, où le modèle euclidien semble patent, puisque *l'Ethique* est explicitement présentée de manière géométrique, de nombreuses entorses à l'ordre purement déductif. D'une part, l'axiomatisation n'est pas parfaite : il y a des axiomes qui ne démontrent rien, d'autres qui sont redondants, d'autres encore (les per se notum) qui ne figurent pas en titre et s'introduisent subrepticement dans la déduction au cours des livres. D'autre part, la série des propositions déduites est, comme on sait, entrecoupée d'une chaîne discontinue de scolies, d'explications ou d'appendices, qui constituent autant de renvois parallèles. Mais si géométrie il y a dans cet édifice quelque peu composite, c'est surtout en tant que méthode génétique qu'elle se manifeste, la Substance s'engendrant à partir de ses éléments à la manière d'une surface mathématique qui se développe. Du même coup, cependant, cette méthode se trouve identique à son objet, qui est la nature productrice ou génératrice. Et le système, par conséquent, devient lui-même aussi proche du vivant que du géométrique.

Rien d'étonnant donc, au vu de ces exemples, au fait que certain modèle (l'hypothético-déductif), particulièrement prégnant dans les sciences, ait d'abord été privilégié puis, avec le temps, remplacé par un autre. Dès que la pensée cesse d'être fascinée par les mathématiques et la mécanique, le paradigme change. C'est ce qui arrive au XVIII\ :sup:`e` siècle où la théorie kantienne trouve, dans la notion d'organisme, une nouvelle forme pour la systématicité philosophique.

Pour Kant, en effet, tout système a son fondement dans une idée de la raison, c'est-à-dire, le concept rationnel de la forme d'un tout qui détermine a priori la sphère des éléments divers et la position des parties. Or, le tout, considéré du point de vue de son développement, est semblable au corps d'un animal : il croît par le dedans, non par le dehors, c'est-à-dire, écrit Kant, « que la croissance n'ajoute aucun membre mais rend, sans rien changer aux proportions, chacun des membres plus fort et mieux approprié à ses fins »[5]. Si l'on suit la métaphore dans le texte kantien, on s'aperçoit que l'ensemble de la « morphogénèse » des systèmes philosophiques est conçu sur un modèle biologique. Kant récuse en effet deux explications génétiques possibles qui renvoient en fait à deux théories embryologiques qui avaient cours à cette époque :

1) Il récuse que les systèmes, tout comme les catégories de la pensée, soient le résultat d'un assemblage purement empirique — ce qu'il met en correspondance avec la théorie de la « génération équivoque » (generatio aequivoca) : « les systèmes, comme les vers, semblent avoir une *generatio aequivoca* et sortir d'un simple assemblage de concepts réunis ; d'abord tronqués, ils deviennent complets avec le temps ; cependant, ils avaient tous leur schème, comme un germe primitif, dans la raison qui se développe elle-même » (C.R.P., p. 559).

2) L'existence de ce schème ne signifie pas que les systèmes étaient pour autant préformés dans la raison : Kant récuse explicitement la *théorie de la préformation* qui, pour les catégories, par exemple, supposerait une sorte d'accord réglé préalable de la pensée avec les lois de la nature. Si tel

était le cas, dit Kant, on ne voit pas comment on pourrait expliquer, à partir de ces dispositions prédéterminées, des jugements futurs encore à naître. De plus les catégories n'auraient aucune nécessité (C.R.P. p. 144) et, par conséquent, les systèmes philosophiques non plus.

3) Le philosophe défend donc l'idée d'une *épigénèse de la raison pure.* Du côté de l'entendement, les catégories renferment les principes de la possibilité de toute expérience en général et du côté de la raison, les idées forment un ensemble de fins ou de buts fondamentaux à réaliser. Ni les unes ni les autres ne sont à proprement parler innées mais l'esprit est a priori capable de les mettre en acte. L'expérience ne crée pas les catégories, par exemple, mais les impressions sensibles sont nécessaires pour éveiller l'esprit et déterminer la représentation d'un objet. Comme dans un mécanisme d'épigénèse biologique donc, la représentation de l'expérience se développe parties par parties, par une élaboration graduelle à partir de possibilité originaire. De même, pour les systèmes philosophiques, il y a dans l'oeuf une idée originaire qui se développera, se divisera, se multipliera en s'enrichissant et aboutira à la complexité du système tel qu'on le connaît.

La réalisation d'un tel programme suppose, d'un bout à l'autre, la permanence d'une certaine cohérence qui surveille et garantit l'application du concept à l'expérience ou la réalisation de l'idée originaire : c'est ce que Kant appelle un schème. La fonction du schème est d'opérer la synthèse d'une diversité empirique ou conceptuelle. C'est un intermédiaire entre les concepts et les images dans l'entendement ou entre les idées, ou buts fondamentaux de la raison et les concepts qui les réalisent. C'est une sorte de chiffre, de monogramme, dit Kant, où se résume le sens du concept ou de l'idée en question. Alors pour les systèmes philosophiques, il est clair que le schème qui garantit leur cohérence au fil de leur développement est un schème conforme à l'idée initiale : il contient l'esquisse de la totalité et de sa division en partie et c'est pourquoi Kant l'appelle un schème « architectonique », parce qu'il rend manifeste l'organisation hiérarchique du système, son « plan ».

Nous avions cité trois manières de réaliser les exigences de systématicité : la linéarité, l'interaction organique, et la circularité. Venons-en à cette dernière.

La théorie kantienne de la systématicité, en effet, se développe ultérieurement dans deux directions. L'une est philosophique : la philosophie hégélienne et le romantisme allemand, l'autre est plutôt méthodologique : c'est celle de l'histoire de la philosophie, lorsqu'elle se fait analyse des systèmes, parce que ses concepts sont aussi fondés sur une représentation du système qui date de Kant.

Il va sans dire qu'on ne peut guère présenter en quelques mots, la théorie hégélienne de la systématicité, dans la mesure où elle s'identifie précisément avec l'ensemble du système lui-même. Néanmoins, on peut essayer, d'un point de vue purement extérieur, et en cela déjà probablement discutable d'un point de vue hégélien, d'en indiquer quelques éléments. Or, l'élément le plus capital auquel doit satisfaire la forme d'un système philosophique, selon Hegel, c'est précisément la circularité.

Comme on le sait, en effet, la forme dans laquelle s'explicite le système hégélien est celle du cercle et même, comme il l'écrit aussi bien dans la grande Logique que dans l'Encyclopédie, celle du cercle de cercles. D'où vient cette nécessité de la circularité et que doit-on entendre par là ? Comme le montre Tom Rockmore, dans un récent article[6], Kant en était resté, dans sa définition du système comme « unité des connaissances sous une idée », a une définition presque contradictoire avec la métaphore organique à laquelle elle était associée, et en tout cas extrêmement problématique. En effet, au moment même où il décrivait le système comme un tout organique, il ne prétendait pas déduire les fondements du système mais le système de ses fondements. Or, en évoquant l'idée d'un principe premier, alors même que nos connaissances ne peuvent dépasser le plan phénoménal, il semblait en même temps récuser la possibilité de fonder la série des apparences dans cette idée qu'il évoquait. Rheinold, semble t-il, a été le premier à apercevoir cette difficulté épistémologique du kantisme et à proposer une sorte de reconstruction vraiment systématique de la pensée kantienne, qu'il fondait dans une sorte de principe de représentation circulaire qui mettait en relation la représentation dans la conscience, d'une part, et le sujet et l'objet, de l'autre. La thèse de Rheinold fut beaucoup discutée par les post-kantiens, mais le seul qui, tout en s'y opposant, sut en tirer la quintessence fut Hegel. Dès son ouvrage, sur la *Différence des systèmes de Fichte et de Schelling*, Hegel exprime sa conception de la systématicité à travers la figure du cercle. Mais contre Rheinold, qui en faisait encore un principe premier, il affirme l'idée qu'une théorie ne peut se justifier qu'au fur et à mesure où elle s'élabore, autrement dit, que sa propre justification n'est autre que son accomplissement. De même qu'il n'y a cercle que lorsque la périphérie est complète, de même, il n'y a système que lorsque la théorie est accomplie.

Ultérieurement, lorsque le système prendra sa forme encyclopédique, c'est-à-dire, à partir des années 1806-1807, et des cours rassemblés dans la *Propédeutique Philosophique*, le principe de la circularité se trouvera en quelque sorte démultiplié à l'intérieur du système puisque en fait, chaque moment du système, à chacun de ses niveaux hiérarchiques sera lui-même considéré comme un cercle. Il est possible, d'ailleurs, que Hegel ait eu le pressentiment d'une telle figure dès sa dissertation sur les orbes des planètes, à partir de la considération de cette raison en quelque sorte incarnée dans la nature que réalisent les révolutions célestes.

Ce qu'on peut dire, en tout cas, c'est que la signification véhiculée par la circularité est triple :

1) Il s'agit d'une signification logique : la circularité du système explicite l'impossibilité de penser un développement théorique sous un seul principe. En effet, dès la *Logique de Iéna*, Hegel montre, contre Fichte, que la position d'un principe unique est contradictoire parce que l'existence d'un terme implique aussi la définition de ce qu'il n'est pas. Par la suite, lorsque la négation et l'Aufhebung se substituent à la théorie du rapport, le cercle explicitera d'autant mieux le rythme en principe ternaire du mouvement dialectique, bien que celui-ci ait beaucoup d'exceptions dans l'*Encyclopédie*.

2) Le deuxième sens de la circularité, c'est un sens qu'on pourrait qualifier d'épistémologique. Avant Hegel, la nécessité d'une exposition cohérente du savoir reste extérieure à la nature du savoir et la manière dont les contenus s'explicitent est totalement inessentielle par rapport à la vérité des contenus. Non seulement la méthode peut être explicitée pour elle-même, pour ainsi dire à part de ce à quoi elle s'applique, comme chez Descartes, mais elle peut même être un simple échafaudage d'exposition, un artifice destiné finalement à s'effacer, comme dans la *Théorie de la Science* de Fichte. Au contraire, chez Hegel, la circularité entraîne que la vérité d'un contenu dépend de sa place dans le mouvement qui l'engendre, ce qui entraîne que la méthode n'est plus extérieure au contenu ; elle est, comme le philosophe le déclare au début de la *Science de la Logique*, le « mouvement même du contenu ».

Enfin, en troisième lieu, la circularité a un sens ontologique et même théologique. L'idéalisme hégélien implique que le Concept donne la chose elle-même, autrement dit qu'il soit un concret, c'est-à-dire, étymologiquement, le résultat d'une croissance conjointe, qui, par détermination progressive, s'identifie avec la réalité. Le système n'est plus une image du monde extérieure à ce dont il est l'image. Le mouvement qui est celui du développement des concepts est aussi le mouvement par lequel la réalité absolue se révèle dans l'histoire et s'autoproduit. Il en résulte que toutes les distinctions de l'entendement séparateur qui dissocient le sujet de l'infini qu'il est réellement s'effondrent. Toute la réflexion jusque là extérieure au système est réintroduite au sein même du processus dialectique par lequel la totalité s'accomplit.

Si l'on ajoute à cela l'idée que la perspective systématique hégélienne implique de concevoir le Concept comme un tout vivant et libre, animé selon une logique qui fait de la raison une décision, comme le révèlent les principales transitions dialectiques (celles de la *Logique* à la *Nature*, par exemple), on conçoit que le philosophe ait ainsi tiré toutes les conséquences de ce qui chez Kant, gardait encore les traces d'un modèle extérieur, autrement dit, le caractère organique de la systématicité.

Naturellement, cette conception hégélienne de la systématicité, que nous venons de résumer très grossièrement, pose beaucoup de questions à la fois logiques et philosophiques dans lesquelles nous ne pouvons entrer ici. Deux mots seulement à ce sujet : on s'est demandé évidemment si l'exigence de circularité était vraiment recevable : soit d'un point de vue logique — à la limite, c'est le problème de la formalisation du système hégélien (de Trendelenburg à Dubarle) ; soit d'un point de vue existentiel (critique des romantiques, avant celle de Nietzsche ou de Kierkegaard).

En ce qui concerne la critique logique, le débat reste ouvert. Et nous croyons qu'il est intéressant de le suivre parce que ce qui est en jeu est la spécificité de la philosophie, autant que sa rationalité[7]. Pour ce qui est de la critique existentielle, ce qu'on peut dire est qu'elle a eu pour effet d'infléchir l'idée initialement kantienne d'une systématicité organique dans un sens tel qu'elle finit par engendrer son contraire. On peut ainsi montrer comment on passe du concept de système à celui de fragment. En effet :

1) On sait que les philosophies contemporaines du romantisme allemand sont des philosophies de l'Absolu. C'est le cas, bien entendu, de la philosophie de Schelling. Or, lorsque Schelling s'efforce de comprendre comment le monde des phénomènes se rapporte à l'Absolu, il déclare qu'il s'y rapporte comme un organe à un organisme. Comme le remarque Judith Schlanger dans son ouvrage sur *Les Métaphores de l'Organisme*[8], le mot organe a ici deux sens : celui de membre et de reflet. Le monde des phénomènes, par rapport à l'Absolu, est à la fois une partie constitutive et un tout à l'image de la totalité. De plus, le mot « organisme » a pris ici un sens particulier : il est, écrit J. Schlanger, « l'unité à laquelle nul vis-à-vis ne peut être opposé, car il inclut en son sein toutes les oppositions ». C'est le lieu de l'identité vivante des contraires, l'unité de toutes les dualités. Le système philosophique qui traduit cette relation et qui, par conséquent, doit refléter la structure de son objet, doit donc être aussi un organisme.

Articulant le monde idéal et le monde réel, la philosophie doit être l'organisme interne du savoir fondamental. On est donc passé de l'idée d'une hiérarchie organisée de parties constitutives (ce qui, chez Kant, s'appelait architectonique) à l'idée d'une série de tensions internes entre des parties dont chacune exprime la totalité. Donc, à la limite, la totalité devient quelque chose d'indécomposable.

La tendance de la pensée romantique, après Schelling, sera de remplacer le système philosophique par une collection de fragments, en partant du principe que l'organisation systématique est souvent artificielle et d'autre part, que le fragment, en tant qu'organe d'un organisme, a une aptitude à représenter le tout. Comme l'écrivent P. Lacoué Labarthe et J.L. Nancy dans l'*Absolu littéraire*[9] la fragmentation constitue « la visée romantique du Système », si par le « Système » (avec un S majuscule) on entend « non pas l'ordonnance dite systématique d'un ensemble, mais ce par quoi et comme quoi un ensemble tient ensemble, et s'érige pour lui-même dans l'autonomie de l'ajointement à soi qui fait sa "systasis" » — autrement dit sa composition, — thème auquel Heidegger, dans son ouvrage sur *Schelling*, a consacré un certain nombre de pages. En ce sens, le fragment se donne dans l'Athenaüm, comme le système à l'état germinatif, dont les graines sont en quelque sorte des semences littéraires. Les *Grains de Pollen*, de Novalis, en particulier, traduisent cette idée que le genre du fragment est, somme toute, le genre de la génération. Pour mieux rejoindre la vie dans son mouvement génératif, le système se rassemble dans son germen et il éclate et se disperse selon le processus même de la reproduction. Bien entendu, il y a beaucoup d'autres aspects de la pensée fragmentaire, qui ne se réduit pas au romantisme allemand, et que nous ne pouvons aborder ici. Mais ce caractère de microcosme, si essentiel au fragment-système, et qui découle de l'interprétation romantique du kantisme, a été également noté par G. Gusdorf dans les *Fondements du Savoir Romantique* (chapitre « fragment ») et méritait d'être souligné. Pour résumer, on peut dire que le fragment est, semble-t-il, pour les romantiques, moins un anti-système, que l'accomplissement même de la systématicité, en tant qu'on l'identifie à l'individualité organique.

2) Il y a un second infléchissement de la notion de système à travers la métaphore organiciste romantique, c'est l'insistance sur la vie. Dire que la philosophie est un organisme, c'est dire qu'elle est une vie : on trouve ce thème en particulier chez Schlegel, dans sa *Philosophie des Lebens*. Sur le plan du contenu, cela veut dire que le système doit s'identifier avec la vie spirituelle dans sa plénitude et sur le plan de la méthode, que la méthode

elle-même doit être vivante. Donc l'exposé traditionnel, à l'aide de concepts morts, mécaniques ou dialectiques est censé rester impuissant à appréhender la dynamique des forces vivantes de la nature. On insistera donc sur le sentiment et le vécu par opposition au pensé, sur l'imagination et les images, par rapport à la raison et au concept et on réclamera du philosophe une méthode vivifiante, par laquelle il puisse vraiment épouser le mouvement du monde. Par conséquent, la tendance, qu'on retrouvera encore plus tard, en philosophie, sera de cultiver la métaphore. La philosophie n'est plus un arbre ou un animal, elle devient un jardin, et même un jardin d'apaisement, si l'on tient compte du caractère religieux de cette perspective philosophique : le mouvement du système philosophique, comme de la nature vivante elle-même, est de rétablir une sorte de perfection disparue. Novalis disait déjà, dans son *Encyclopédie*, que la philosophie était une nostalgie. C'est également le cas chez Schlegel, et dans l'ensemble des fragments de l'*Athenaüm*.

Avec ces thèmes romantiques, on est très loin, en principe, de la notion de système telle qu'elle est développée par Hegel. Pourtant, il y a d'incontestables rapports entre Hegel et la pensée romantique. Sans doute, de manière un peu excessive, P. Lacoue-Labarthe et J.L. Nancy, écrivent que la pensée éclatée et fragmentaire des romantiques revient « à concentrer ou à précipiter sur un point le processus par lequel, le discours philosophique, chez Hegel encore, peut désigner son propre inachèvement, le maîtriser et le faire passer dans l'élément de la pure pensée, qui est son achèvement » (*op. cit.*, p. 71). Ce qu'on peut dire, en tout cas, c'est que les thèmes répandus aujourd'hui d'une pensée qui privilégie l'infini par opposition à la totalité, ou bien encore, qui parle de système ouvert par opposition à ce qui est supposé être la clôture des systèmes traditionnels, appartiennent peu ou prou à ce mouvement protestataire engendré par l'hégélianisme, qui a mené à Kierkegaard et au-delà. Toutefois, il est clair que ces protestations supposent une certaine interprétation de l'hégélianisme, à laquelle les historiens de la philosophie n'adhèrent pas. Avant même d'aller plus loin dans notre réflexion, il convient donc de se demander ce qui, pour ces historiens modernes définit précisément la systématicité, indépendamment de telle ou telle conception philosophique particulière.

2/ SYSTEME ET STRUCTURE

Selon Martial Guéroult, le promoteur de l'historiographie structurale en France, un système philosophique est à la fois une logique et une archi-

108

tectonique[10]. Par la logique, c'est-à-dire, par ses aspects démonstratifs, la philosophie s'oppose à l'oeuvre d'art, laquelle vise à plaire, émouvoir ou suggérer, mais pas à démontrer, convaincre ou persuader. Par l'architectonique, elle s'oppose aux théories scientifiques, comme un ensemble fermé à des ensembles ouverts. Le propre d'une théorie scientifique, en effet, pour Guéroult, c'est de se perfectionner, donc d'être modifiée par des faits nouveaux. Le propre d'une théorie philosophique, au contraire, alors même qu'elle peut être au début très locale, c'est qu'elle est forcée de s'amplifier en maintenant à peu près sa structure. Tout ce qui rentre est censé la confirmer, ce qui ne va pas sans mal dans la mesure où les relations et concepts fondamentaux d'une philosophie ont été élaborés en fonction d'un problème bien précis et ne se transportent pas toujours aisément : ainsi Descartes a forgé ses concepts pour résoudre le problème de la certitude, mais il doit ensuite par eux seuls fonder la possibilité de la médecine et de la morale ; Kant a institué les siens pour résoudre le problème de la possibilité de la science mais il doit par la suite, avec eux seuls, se confronter au problème de la morale et de l'esthétique. On pourrait donner d'autres exemples. Il y a donc des tensions entre régions disparates d'un même système et une sorte d'harmonisation plus ou moins trompeuse produite par le philosophe pour les atténuer : c'est ce que Guéroult appelle l'architectonique, en reprenant le terme kantien, avec un sens légèrement différent. Pour lui, il désigne par là un ensemble de processus destinés à suggérer des analogies et des symétries qui conservent à la théorie son aspect organique, terme qui a ici, malgré la différence des contextes, une signification qui garde des aspects de la pensée romantique. Guéroult emploie d'ailleurs plus volontiers encore des métaphores musicales (il parle, à propos de la notion d'architectonique, d'une tonalité fondamentale qui subsiste au-delà des méandres de l'arabesque sonore) mais le sens est bien celui-ci : il y a, dans les systèmes, une sorte de continuité, au-delà de leurs discontinuités internes, qui en font des totalités spécifiques, stylistiquement marquées, liées à un individu et aux ambiguïtés de sa pensée et de sa vie. Sur le plan méthodologique, cela veut dire 1/ qu'on ne peut pas continuer un système au-delà de son auteur ; 2/ qu'on ne peut pas résumer un système sans le pervertir ; 3/ qu'on ne peut pas commenter l'un de ses points sans voir surgir la totalité ; 4/ que pour comprendre la démonstration, il faut la refaire.

Comme on le sait, cette théorie fondée sur une pratique de l'histoire de la philosophie a débouché sur une véritable philosophie de l'histoire de la philosophie qui se présente sous la forme paradoxale d'un système de tous les systèmes (la dianoématique) sur lequel il y aurait beaucoup à dire d'un point de vue logique et épistémologique, mais que nous ne pouvons analyser ici. Ce qu'on peut déjà observer, c'est que la pratique de M. Guéroult l'a essentiellement mis en rapport avec des systèmes issus de l'Age classique et de l'idéalisme allemand. Or, la question se pose de savoir si on peut adopter des méthodes semblables pour des doctrines nées à d'autres époques. Heidegger, dans son ouvrage sur Schelling n'hésitait pas à limiter l'usage du concept de système à la période moderne, son emploi étant totalement exclu pour l'antiquité et la période médiévale. « Ni Platon, ni Aristote, écrivait Heidegger, n'ont eu de système philosophique, ni en ce sens qu'ils auraient bâti un système, ni en ce sens qu'ils auraient seulement esquissé un tel système ». De même, « les Sommes de la théologie et de la philosophie médiévale ne sont pas des systèmes mais la forme qu'emprunte la transmission scolaire du contenu du savoir »[11].

A la différence de M. Guéroult, V. Goldschmidt s'est intéressé à des doctrines peut-être plus problématiques d'un point de vue structural, relevant en quelque sorte le défi jeté par Heidegger, puisqu'il s'est en particulier occupé de doctrines de l'antiquité très peu systématiques en apparence, comme les Dialogues de Platon ou la pensée stoïcienne, celle-ci présentant en outre la difficulté d'avoir été exposée par des auteurs différents et sur une période de plusieurs siècles. Sur quelles bases se fondent les analyses de cet historien ?

1) Comme pour M. Guéroult, il y a chez V. Goldschmidt la volonté d'analyser les structures des oeuvres, plutôt que leur genèse. Comme il l'affirme à plusieurs reprises dans les articles de son ouvrage intitulé *Questions platoniciennes*, une philosophie est un ensemble de thèses, de dogmata, qu'on ne peut pas réduire à des effets ou à des symptômes dont l'historien devrait décrire l'étiologie (faits économiques et politiques, constitution physiologique de l'auteur, ses lectures, sa biographie, sa biographie intellectuelle ou spirituelle, etc.). Inversement, ce n'est pas parce qu'un système est un ensemble de dogmes qu'il faudrait le décrire par une méthode dogmatique, qui considérerait bien l'intention de l'auteur et la prétention de ses thèses à la vérité, mais s'achèverait rapidement en critique et en réfutation. Pour V. Goldschmidt, comme pour M. Guéroult, il faut maintenir le plus longtemps possible l'exigence de compréhension et ne pas trop se presser de démolir la construction patiente d'un auteur. Il y a une intention explicite — il le dit dans l'article « Temps historique et temps logique dans l'interprétation des systèmes philosophiques » repris dans le livre intitulé *Questions Platoniciennes* — d'élaborer une méthode « scientifique et philosophique » d'analyse des textes.

110

2) Alors, en quoi consiste cette méthode et que nous apprend-elle du système ? Il s'agit, là encore, comme chez M. Guéroult, de ressaisir dans les oeuvres à la fois les thèses et les démarches qui les ont engendrées. La philosophie est explicitation et discours. On ne séparera donc pas la doctrine de la méthode. Les assertions d'un philosophe ne pouvant avoir pour causes que des raisons connues de lui et alléguées par lui, « l'interprétation, écrit V. Goldschmidt, consistera à ressaisir, conformément à l'intention de l'auteur, cet ordre par raisons et à ne jamais séparer les thèses, des démarches qui les ont produites »[12]. La notion d'«ordre par raisons » rappelle évidemment la théorie de M. Guéroult. Mais, à la différence de cet historien, V. Goldschmidt ne reprend pas la distinction entre ce qui relève dans un système de la logique et ce qui relève de l'architectonique. Pour lui, la méthode d'un système est à la fois une procédure d'exposition et de découverte et le système se découvre et s'expose d'un même mouvement. « C'est une même structure, écrit-il, qui se construit tout au long de la progression méthodique et qui, achevée, définit l'architecture de l'oeuvre. »[13]

Ce qu'a donc essayé de faire V. Goldschmidt, en dépassant l'opposition des méthodes dogmatiques et des méthodes génétiques, c'est d'introduire des considérations sur la genèse progressive d'une oeuvre dans l'analyse de sa structure. Or, comme il l'écrit lui-même, « parler de démarches et de progression, c'est, à moins d'en rester à des métaphores, supposer un temps strictement méthodologique ou, en gardant à ce terme son étymologie, un *temps logique* »[14].

Temps logique signifie en effet, comme on le voit dans l'article consacré au système de Platon - « le temps où vit et se déploie le logos au cours de ses démarches tantôt hésitantes, tantôt décidées »[15]. Le logos, c'est-à-dire encore, la parole philosophique, tel qu'elle s'explicite à travers les écrits du philosophe. Il s'agit donc, à travers une sorte de structuralisme génétique, de remettre, selon ses propres termes, la « structure en mouvement ». Cependant, le mouvement ou la genèse de l'oeuvre, auxquels il est fait allusion, ce ne sont pas un mouvement ou une genèse chronologique. L'idée d'un temps logique s'oppose à celle d'un temps historique comme à celle d'un temps vécu. Le véritable système philosophique, ce n'est pas le système tel qu'il se construit chronologiquement dans un temps vécu ou vivant, c'est le système pour ainsi dire réordonné par la pensée. C'est une inspiration bachelardienne qui guide ici V. Goldschmidt. Celui-ci cite en effet un passage du *Rationalisme appliqué* où Bachelard explique qu'il faut que la pensée rationnelle s'établisse dans un temps de totale non-vie, refusant le vital. « Que la vie par ailleurs, se déroule et ramène ses nécessités, c'est sans doute une fatalité corporelle, écrit Bachelard. Mais cela ne retranche pas la possibilité de se retirer du temps vécu, pour enchaîner des pensées dans un ordre d'une nouvelle temporalité »[16]. Il y aurait donc une chronotechnique de la pensée philosophique comme il y a une chronotechnique de la pensée scientifique. C'est le temps redressé et dense, le temps « dépsychologisé », qui débarrasse la durée vécue de ses incohérences et lui substitue le système pensé dans son caractère le plus incisif. Donc les méandres, « arabesques » et autres tensions de l'architectonique s'expliqueraient finalement de façon peut-être plus dynamique si l'on a égard à ce concept de temps logique.

On comprend mieux le propos de V. Goldschmidt quand on regarde de quelles doctrines il s'est occupé au départ. Les Dialogues platoniciens, dans les années cinquante, personne n'en possédait une chronologie vraiment indiscutable. Le système stoïcien, quant à lui, est une doctrine qui, comme nous l'avons rappelé, n'appartient pas à un seul auteur et qui donc, par là-même, conteste l'idée Guéroultiste selon laquelle une démonstration philosophique se terminerait avec celui qui l'a commencée. De plus, non seulement la pensée stoïcienne antique, comme le rappelle V. Goldschmidt au début de son livre sur le *Système stoïcien et l'idée de temps*, se déroule sur cinq siècles, mais elle est en outre fragmentaire, discontinue, variable, parfois connue à travers des épigones ou des propos rapportés (Diogène Laerce ou autres). Et pourtant, E. Bréhier a pu écrire dans son livre sur Chrysippe que le stoïcisme était sans doute le système le plus synthétique qui ait jamais existé. Il fallait nécessairement élaborer une théorie qui permette de rendre compte d'un tel paradoxe. C'est le mérite de la notion de temps logique, chez V. Goldschmidt.

Alors, si nous résumons ce que nous apprennent aussi bien M. Guéroult que V. Goldschmidt de la pensée philosophique, nous aboutissons aux propositions suivantes :

1) Un système philosophique est un rassemblement de thèses ou dogmes qui concernent le problème du rapport de l'homme et du monde et qui s'enchaînent démonstrativement. Mais 2) cette logique est aussi une sorte d'architecture qu'on peut reconstituer quels que soient les aléas de la chronologie ou la forme apparente de l'exposition. 3) Il semble donc, n'en déplaise aux pensées protestataires, antisystématiques, fragmentaires, et autres du même genre, que toute philosophie, en tant qu'elle doit se communiquer, a nécessairement une cohérence, et donc, en tant que telle, présente un aspect systématique que l'on peut déceler et reconstruire. 4) Cette cohérence définit en quelque sorte l'autonomie du philosophique en même temps que le territoire de l'historien de la philosophie. Bien entendu le système plonge ses

racines dans l'histoire, mais, à moins d'assimiler l'histoire de la philosophie à l'histoire des idées ou à la sociologie de la connaissance, il ne s'y dissout pas. C'est pourquoi il y a une quasi-impossibilité, du point de vue de l'histoire de la philosophie, à considérer les systèmes philosophiques comme des systèmes « ouverts ». Tout système philosophique est, dans une certaine mesure, un système isolé par rapport à son environnement, même si, bien évidemment, il ne se comprend qu'en relation à lui.

3/ L'HISTORIOGRAPHIE MODERNE ET LA FIN DES SYSTEMES.

Il semble que les moyens d'investigation qu'ont développés l'histoire et la philosophie et la réflexion moderne sur l'analyse des oeuvres remettent peut-être en cause quelques unes de ces thèses. Il ne s'agit plus ici, notons-le, de protestations *philosophiques* contre l'idée de système, comme celles qu'avaient pu développer, naguère, dans une tradition antisystématique, Nietzsche ou Kierkegaard. Le premier, en effet, évoquait dans le *Crépuscule des Idoles* (maxime 26), ce qu'il appelait le « manque de probité » du penseur systématique, et, dans la *Volonté de puissance*, parlait du caractère maladif d'un tel arrangement systémique. Autrement dit, il développait une critique seulement morale de la systématicité, qu'il présentait comme un moment du nihilisme. Kierkegaard, quant à lui, soulignait surtout le paradoxe de la construction même du système qui fait que le penseur systémique ressemble à cet homme — on connaît ce passage du « journal » — qui bâtit un château, mais qui, pendant ce temps, habite à côté, dans une remise. Ces oppositions, pour brillantes qu'elles soient, n'ont jamais ébranlé les historiens de la philosophie. D'une part, en ce qui concerne Nietzsche, il est clair que son but était de surmonter le nihilisme, donc de trouver une forme de pensée dont la cohérence soit *saine*. Et d'autre part, en ce qui concerne Kierkegaard, il est non moins clair que sa pensée — quels que soient les masques sous lesquels elle s'exprime — garde une certaine cohérence qui est celle que lui confère la foi chrétienne. L'argument de la remise en particulier, se retourne contre lui. A moins qu'elle ne tombe du ciel, il faut bien la construire cette remise. Or, où habite le philosphe qui construit la remise pendant qu'il la construit ? Kierkegaard n'a jamais répondu à une telle question. C'est pourquoi, nous semble t-il, les oppositions philosophiques à la notion de système n'entraînent pas vraiment l'adhésion. Les véritables limites de cette notion risquent d'être surtout celles-là mêmes que produit l'histoire de la philosophie lorsqu'elle commence à vouloir caractériser de façon effective et objective cette systématicité qu'elle postule. Or, c'est là que se rencontrent désormais les principaux problèmes. J'en énumèrerai trois :

1) Les méthodes structurales se donnent comme des méthodes scientifiques et se proposent en principe de prendre la philosophie pour objet. Or, que fait-on quand on se propose de prendre la philosophie pour objet ? Est-ce que la philosophie, d'ailleurs, peut être considérée comme un objet ? Tout dépend, évidemment, de ce qu'on entend par « objet ». Si l'on entend seulement par « objet » ce qui est construit axiomatiquement ou manipulé dans des processus expérimentaux précis décrits par des protocoles, alors, on est obligé de reconnaître que l'analyse des oeuvres philosophiques n'est pas vraiment une science « objective » : cela veut donc dire que la philosophie ne peut pas être un objet pour elle-même. C'est un peu la position de M. Granger dans ses ouvrages. Tout le problème est de savoir si c'est une situation définitive ou seulement provisoire. L'idée défendue par M. Granger dans ses ouvrages ou articles est que l'analyse des textes philosophiques décèle des sens en rapport avec un vécu, mais ne construit pas des objets. On ne peut donc reconstruire la structure logique d'un système philosophique que métaphoriquement, ou à l'aide de ce qu'il appelle des paradigmes et il n'y a jamais coïncidence totale entre une structure philosophique et le paradigme qu'on peut lui associer pour la décrire. Il n'y a donc pas vraiment de différence de niveau entre le système proprement dit et la théorie qui l'explicite : cette théorie est elle-même philosophique : elle n'est pas méta-philosophique parce que l'organisation philosophique de la réalité est une sorte de métastructure ultime, qui n'admet pas de méta-métastructure. L'analyse des oeuvres philosophiques reste donc un mixte. Elle est à la fois science et philosophie. Alors, dans un tel cas, la notion de système, et peut-être même celle de structure, s'efface au profit de la notion de « style », qui se définit comme l'ensemble des traits pertinents liés à l'individualisation d'une pratique. Ce qu'on décrit alors, dans une oeuvre, c'est un style, mais on le décrit d'un point de vue philosophique autant que scientifique[17].

2) La deuxième limite à la systématicité introduite par l'histoire de la philosophie vient de la considération du détail des oeuvres, aussi bien dans l'analyse des formes d'argumentation (on peut penser en particulier à des travaux comme ceux de Pérelman) qu'à travers les examens rendus possibles par l'informatisation (par exemple la démarche d'André Robinet). Ces deux types de travaux, très différents l'un de l'autre, ont tout de même ceci de commun qu'ils brisent l'unité du système. D'un côté, l'analyse débouche sur une topique des lieux d'argumentation qui n'est pas spécifique à un philo-

sophe particulier — il y a dans l'histoire des récurrences argumentatives — et de l'autre, en introduisant une périodisation interne du vocabulaire, aboutit souvent à faire éclater la fameuse architectonique du système. Par exemple, la notion de « volonté générale » chez Malebranche, qui apparaît 300 fois, présente un certain nombre d'occurrences où il est question d'une « première volonté générale » — qui apparaît 7 fois — et d'une « seconde volonté générale » qui apparaît une seule fois. Ce qui conduit André Robinet, dans un article paru il y a quelques années dans un colloque intitulé *Révolutions Informatiques*[18], à s'interroger sur le sens de cette opposition. « Malebranche aurait-il, ce qui constituerait une « aporie » de son système, deux théories, deux clés de son architectonique, l'une ouvrant sur une seule volonté générale divine qui commande par des lois diverses la nature et la grâce ; l'autre qui exige deux volontés distinctes, dont on trouve, en poussant l'examen, que la première s'accomplit par la loi, mais que la seconde s'effectue par miracle ». Et il se trouve qu'on peut dater ces expressions qui sont antérieures à 1677, année, si l'on peut dire, de crise du langage, pour Malebranche, à partir de laquelle son code métaphysique sera rénové sur d'autres bases, traduisant, selon Robinet, son éloignement par rapport à une philosophie du « Dieu caché » de type janséniste. On pourrait multiplier les exemples. Chez Spinoza, il est clair qu'on fait apparaître deux couches de rédaction de l'*Ethique* quand on s'aperçoit que les concepts de substance et d'attributs n'apparaissent plus au-delà du livre II. De plus, chez cet auteur, toute la problématique des rapports de la substance aux attributs et aux modes qui repose, sur le couple Involvere-exprimere devient très difficile à comprendre si l'on s'en tient à l'explicite, parce qu'elle tient lieu d'une géométrie de l'expressivité, absente de *l'Ethique*. D'une manière générale, l'analyse du langage, les tableaux de dispersion de formes, les arbres de voisinage, l'analyse des correspondances, font apparaître la fragilité et l'à-peu-près des représentations qui postulent l'existence d'une structure systémique globale.

3) La troisième limite, liée aux analyses précédentes, est la relativisation de la systématicité à différents niveaux linguistiques : Quand on parle de cohérence systématique, est-ce qu'on vise cette cohérence au niveau des concepts, des propositions, d'ensembles encore plus vastes ?

Les résultats des méthodes qu'on utilise, en particulier des méthodes quantitatives, dépendent beaucoup du projet et du cadre conceptuel dans lequel on les utilise. Si l'on veut leur faire dire qu'il n'y a pas de système, on y parviendra. Mais on peut aussi les utiliser pour rendre tout à fait manifeste ce qu'il y a de cohérent dans une doctrine à un autre niveau. Pour reprendre l'exemple spinoziste, on peut penser que ce qui est aussi important que l'index exhaustif des occurrences lexicales, c'est ce qu'on pourrait appeler le « câblage » des propositions de *l'Ethique*, autrement dit l'ordre et la connexion même des propositions de Spinoza, qui sont indiqués dans l'ouvrage de façon explicite. Un tel relevé peut être fait « à la main »[19]. Mais il est aussi possible d'analyser informatiquement la matrice de la relation de démonstration des propositions de *l'Ethique*, non seulement livre par livre, mais aussi d'un livre à l'autre. Grâce à des programmes d'analyse factorielle ou de classification automatique, on peut classer les éléments démontrant comme les éléments démontrés de chaque livre et faire ainsi apparaître des groupements objectifs dont on éprouvera la stabilité en fonction de leur signification. Par conséquent on rend manifeste, dans un tel cas, une sorte d'architecture graphique objective, qui a bien un sens systématique. Il est vrai qu'il ne s'agit dans cet exemple que d'une oeuvre partielle et, de surcroît, peut-être unique en son genre, puisqu'il y a peu de systèmes présentés de façon géométrique. Le commentateur est donc prêt à céder au découragement, les résultats étant souvent d'autant plus minces qu'ils ont été obtenus d'une manière plus « objective ». Mais cela veut peut-être simplement dire que, pour ceux qui l'étudient comme pour celui qui l'a produit, le système ou sa mise en évidence, est un effort plutôt qu'une réalité, et que si nous savions exactement quelles sont les conditions objectives d'une cohérence absolue dans les langues naturelles, il n'y aurait plus qu'une seule philosophie, c'est-à-dire au fond, plus de philosophie du tout.

Daniel PARROCHIA
CNRS Lyon

1. G. Gusdorf, *Les Principes de la Pensée au siècle des Lumières*, Payot, 1971, pp. 257-258.

2. N. Rescher, *Cognitive systematization*, Basil Blackwell, 1979, p. 7.

3. Sur tout ceci, cf. N. Rescher, *op. cit.*, chap. 1.

4. M. Guéroult, dans sa *Dianoématique*, Aubier Montaigne, 1979, a tenté de légitimer cette prétention du système à l'autosuffisance en faisant de ce paradoxe un élément en quelque sorte « constitutif » de la philosophie.

5. Kant, *Critique de la Raison Pure*, trad. Trémesaygues-Pacaud, 5ème ed., P.U.F., 1968, p. 558.

6. T. Rockmore, « La systématicité et le cercle hégélien », *Archives de Philosophie*, 1985. Cf. également, sur le même thème, le dernier livre de D. Souche-Dagues, *Le cercle hégélien*, P.U.F., 1986.

7. A la suite des travaux du logicien polonais S. Jaskowski, l'école sud-américaine de logique (cf. Arruda, Chuaqui, Da Costa, *Mathematical logic in latin America*, North Holland, 1980) a développé ces vingt dernières années des logiques dites « paraconsistantes », qui, relativisant le principe de non-contradiction, permettent de donner un statut recevable à certains paradoxes ensemblistes. Il est possible qu'on trouve là une manière d'exprimer dans un cadre formel certaines formes philosophiques apparemment rétives à ce traitement.

8. J. Schlanger, *Les métaphores de l'organisme*, Vrin, p. 122.

9. J.L. Nancy, Ph. Lacoue-Labarthe, *L'Absolu littéraire*, Seuil, 1978, p. 67-68.

10. M. Guéroult, *Logique, architectonique et structure constitutive des systèmes philosophiques*, Encyclopédie Française, *Leçon inaugurale au Collège de France*, Paris, 1951.

11. Heidegger, *Schelling*, Gallimard, 1977, p. 56.

12. V. Goldschmidt, *Questions Platoniciennes*, Vrin, 1970, p. 14.

13. Ibid. p. 16.

14. Ibid.

15. Ibid. P. 33.

16. G. Bachelard, *Le Rationalisme appliqué*, P.U.F., p. 26.

17. Cf. G.G. Granger « Système philosophique et métastructures », *Etudes d'histoire de la philosophie* en hommage à M. Guéroult ; *Essai d'une philosophie du style*, A. Colin, 1968.

18. A. Robinet, « L'homme devant les applications de l'informatique au domaine de la philosophie », *Révolutions informatiques*, 10/18, 1972.

19. M.R. Sasso, dans un article des *Archives de Philosophie*, 44, 1981, « Parcours du De Deo », s'est employé à dresser un tel inventaire, pour le livre 1 de l'*Ethique*.

RETOUR AUX GRECS

Réflexions sur les « pratiques de soi » dans L'Usage des plaisirs

Ceci ne sera pas une conférence ni une communication ni un article. Seulement une lecture de l'un des derniers livres de M. Foucault : *L'Usage des plaisirs*. Point d'introduction non plus. Tout au plus quelques notes initiales.

D'abord pourquoi ce titre, improprement substitué à celui de son livre et qui pourtant s'est imposé à moi ? « *Retour aux Grecs de Michel Foucault* », cela doit s'entendre singulièrement. Ce retour n'implique aucunement que M. Foucault soit ici revenu à un point de départ qu'il eût jadis franchi ou sur un terrain autrefois traversé. Tout dans ses recherches antérieures, on l'observera, prouve le contraire. Il s'agit pourtant, comme il le dit lui-même, d'une « *remontée* »[1], d'un parcours en amont ou, si l'on veut d'une étrange « récurrence » à partir de recherches, d'abord autrement programmées dans *La Volonté de savoir*[2] et initialement périodisées tout à fait en dehors des Grecs.

Par ailleurs, en cette « remontée », nul abandon des méthodes antérieures et moins encore une « rupture ». Malgré l'irruption de thématiques et de problématiques nouvelles, celles du « sujet » et de l'« éthique », c'est la même histoire qui continue et le même réseau méthodologique qui se déploie. Histoire des « pratiques » et des « discours », saisie à même les textes anciens, d'allure surtout « prescriptive », mais non histoire des représentations ni sociologie des comportements. D'où une combinatoire à trois méthodes, archéologique, généalogique, herméneutique, et à quatre thèmes ou rapports : à soi, au corps, à l'épouse, aux garçons et à la vérité. C'est l'étude de ces quatre thèmes et *problèmes* qui délimitera cette lecture, attentive surtout aux points d'application de la méthode et à la diversification de l'*éros* grec. Mais dans cette histoire de la sexualité, ainsi « recentrée » sur terrain grec, c'est une « histoire de la vérité »[3] qui se profile, non sans équivoque : vérité du désir ou désir de vérité ? Maîtrise de soi ou savoir d'autre chose ?

Enfin, on notera qu'à l'intérieur de cette histoire, *L'Usage des plaisirs* ne constitue qu'un tableau limité aux IVᵉ et IIIᵉ siècles. Les quatre thèmes d'« austérité », puisque telle est l'hypothèse centrale, se prolongent, avec *Le Souci de soi*, à la période gréco-romaine et aux deux premiers siècles de notre ère. A cette époque, charnière entre l'hellénisme et le christianisme et d'un tableau à l'autre, les thèmes se poursuivent et se modifient. Les événements de la vie s'organisent, avec Artémidore, autour d'une sémiotique des rêves de sexualité[4] ; les pratiques de soi, en s'infléchissant vers l'examen de conscience et le recueillement spirituel, visent, chez Sénèque et Marc Aurèle, à la formation de soi par soi[5] ; la médicalisation des problèmes de santé augmente, notamment avec Galien, la méticulosité dans le régime du sexe[6] ; le rapport à l'épouse s'oriente vers une valorisation croissante de la fidélité et d'abord de la virginité, particulièrement dans la parénétique stoïcienne des conduites du couple[7] ; enfin l'« amour garçonnier » tout à la fois se banalise et se « déshédonise »[8] tandis que la philosophie paraît devenir autonome et, pour ainsi dire, se « désérotiser ».

Ces « modifications » posent à l'histoire et à la lecture de difficiles problèmes — continuités et discontinuités — qui pourraient constituer l'objet d'une autre étude. Bien que les deux livres soient étroitement reliés, malgré un ressaut de deux siècles, la présente lecture s'est bornée à ressaisir, non sans observations et questions, l'origine proprement hellénique des « thèmes d'austérité ». Suivant *L'Usage des plaisirs*, le déchiffrement grec des « choses de l'amour » — *ta aphrodisia* — sera distribué sur quatre plans : une « éthique » des pratiques du soi, une « diététique » des corps et de la santé ; une « économique » de l'ordre domestique et conjugal : enfin, une « érotique » des garçons et de la vérité. Mais cette quadripartition ne signifie pas une isolation de l'« éthique ». Celle-ci est partout, fixant partout un même objectif, celui de la « maîtrise de soi » et de la domination sur le plaisir. Ce qui ne signifie pas non plus, M. Foucault s'étant limité surtout aux textes « prescriptifs » ainsi qu'à ces ensembles de discours et de pratiques qu'ils coordonnent, que l'austérité était générale et courante en Grèce ancienne. Sans doute les choses du sexe faisaient-elles problème, mais essentiellement pour les spécialistes de la réflexion morale et médicale, économique et philosophique. *L'Usage des plaisirs* n'est pas et ne se veut pas un traité de la vie sexuelle quotidienne. Et lorsque Aristote prescrit : « Il faut éviter par-dessus tout ce qui fait plaisir ainsi que le plaisir », ajoutant aussi que « c'est après nous être débarrassés d'Hélène, à la manière des conducteurs de peuples, que nous commettrons moins de fautes »[9], encore faut-il marquer que cette exclusion du plaisir, c'est un philosophe qui la prononce.

*

Rien ne disposait Michel Foucault, apparemment du moins, aux études anciennes ni à l'approche du monde grec. Excepté une allusion à l'*hubris* et une formule péremptoire sur le *logos* — « Le *logos* grec n'avait pas de contraire »[10] —, l'*Histoire de la folie* demeure strictement quoique amplement — du XVIe au XIXe siècle — périodisée à l'« âge classique ». C'est une périodisation plus restreinte — le XIXe siècle — qui règle la *Naissance de la clinique*, sans que l'on y puisse discerner le moindre renvoi, même oblique ou récurrent, à ce qui aurait pu se désigner comme l'archéologie hippocratique du regard médical, soit une archéologie plus ancienne. De même *Les Mots et les choses*, dont les thématiques majeures — parler, vivre, échanger — pouvaient laisser entrevoir une généalogie grecque, ne font aucune référence à la langue ni à la philosophie helléniques, sauf à prélever sur la première, mais pour le déplacer de son sens, le concept *d'épistémè* et mise à part une allusion au système ternaire des signes chez les stoïciens[11]. Rien non plus, dans *Surveiller et punir*, qui indique, fût-ce par esquisse, la préhistoire grecque de la légalité et de la pénalité non plus que les commencements helléniques de la prison et du système punitif, pour ne rien dire de la « discipline des corps » et de l'« orthopédie », dont l'origine platonicienne eût été très précisément assignable.

Bref, tout se passait un peu, pour M. Foucault et dans la pratique de sa recherche, comme si l'histoire commençait ou tout au moins coïncidait avec celle de l'âge classique, qui était incomparablement aussi, par le jeu de ses méthodes et par son génie des textes, devenue son histoire. Silence donc, mais non pas oubli du monde grec. Abstention méthodique plutôt et réserve de la recherche. Il se trouve que des exigences de méthode, et la nécessité, sur la question de la sexualité, non de remonter à de quelconques sources helléniques et humanistes, mais de déplacer, en amont de l'âge classique et sur terrain grec, son *investigation archéologique et généalogique des pratiques et des discours*, ont conduit Michel Foucault à « problématiser» les pratiques de vie, ou plus précisément la *tekhnè tou biou* des Anciens, afin d'instituer la « généalogie de l'homme de désir »[12]. En cette démarche, en ces approches, les scrupules, la patience, la méticulosité, la modestie de M. Foucault furent infinis, qui lui imposèrent de différer longtemps et de recommencer souvent cette oeuvre nouvelle.

Ecoutons-le, préliminairement, s'expliquer sur les circonstances de ce « retour » aux Grecs. Des scrupules d'abord et une *ressaisie des méthodes*, où se révélait l'impossibilité de dater à l'âge classique l'émergence de la sexualité occidentale, qui imposaient à l'analyse du « sujet désirant » de prospecter une plus longue histoire et obligeaient donc à « réorganiser toute l'étude autour de la lente formation, pendant l'Antiquité, d'une herméneutique de soi »[13]. Irruption du même coup, dans le champ méthodologique, aux côtés des stratégies d'archéologie et de généalogie, d'une nouvelle stratégie « herméneutique »[13]. Quant à patience et modestie, une note brève en dit long[14]. Méticulosité aussi dans la préoccupation, double, de ne pas « moderniser » les Anciens en risquant de les « plier ... à des formes d'analyse ou à des modes de questionnement... venus d'ailleurs »[15], mais aussi, visiblement, à ne pas les tenir renfermés dans une antiquité d'antiquaires. De là cette étrange combinaison d'un *regard éloigné*, soucieux d'interroger « la différence qui nous tient à distance »[16], et d'une *vision rapprochée*, attentive à « la proximité qui demeure en dépit de cet éloignement »[17]. Ces exigences de méthode s'accompagnent aussi d'un *renouvellement dans la théorie*. En effet, la récurrence du thème de la sexualité et le déplacement des « repères chronologiques » en direction de l'Antiquité provoquent un bénéfice théorique et l'apparition de nouveaux objets : d'une part, l'irruption du sujet comme l'« objet d'une préoccupation morale » et d'un « souci éthique »[18] ; d'autre part, le thème du *bios*, considéré comme l'enjeu des « techniques de soi » et des « arts de l'existence », comptables par là même d'une esthétique, voire d'une stylistique de la vie antique. Autre bénéfice : transformation du regard par l'éloignement et modification du paysage par l'étude, au point de « penser autrement ce qu'on pensait déjà »[19].

Mais, objectera-t-on, l'irruption du sujet, comme sujet tout à la fois éthique et esthétique, n'introduit-elle pas une discontinuité ou même une rupture dans le champ des recherches foucaldiennes ? Et, plus précisément, le *retour du sujet*, qui marque incontestablement ce « *retour* » aux Grecs de M. Foucault, n'est-il pas en contradiction avec la thématique antérieure de la « *mort de l'homme* », ou tout au moins de son « effacement »[20] ? Cela mériterait inventaire et questionnement ; mais rien n'est moins sûr ici que la rupture, s'agissant aussi d'un *spécialiste de l'histoire lente*, avec ses continuités silencieuses et ses transformations ténues. Continuation plutôt de la recherche, mais par d'autres voies et sur d'autres chemins. Telle apparaissait en tout cas à M. Foucault, se retournant sur lui-même, l'articulation des régions parcourues et de l'espace à reconnaître : « une histoire des différents modes de subjectivation de l'être humain dans notre culture »[21].

Une systématique des pratiques s'exhibe alors : pratiques « connaissantes » qui, par l'analyse du sujet parlant, travaillant et vivant, contribuent à l'« objectivation » du sujet ; « pratiques divisantes » qui, par le jeu de discriminations et de partages : folie/raison, maladie/santé, honnêteté/criminalité, travaillent à la « ségrégation » des sujets et induisent des opérations de « rejet » ; pratiques « assujettissantes » enfin, qui, en problématisant comme « question morale » les conduites de sexualité notamment, visent à ce que l'on pourrait appeler la « subjectivation » éthique du sujet[22]. C'est donc bien la même analytique continue des savoirs et des pouvoirs, des discours et des pratiques, bref, du cognitif et de l'effectif, qui se prolonge sur terrain grec. L'Usage des plaisirs, à quoi sera consacrée presque exclusivement la présente lecture, est donc bien la *suite méthodique* des recherches de M. Foucault. En se laissant guider par un ordre des matières, qui est aussi un ordre des problèmes, on peut y découvrir l'exploration fine, et comme en réseau, des pratiques de subjectivation dont la sexualité grecque est l'enjeu :

I - Au plan d'une « éthique » des techniques et des pratiques de soi ;

II- Au niveau d'une « diététique » des corps et de la santé ;

III - Dans le domaine d'une « économique » de l'ordre domestique et conjugal ;

IV - Sur le registre d'une « érotique » enfin, où l'attrait des garçons et la recherche de la vérité configurent.

I - UNE « ÉTHIQUE » DE SOI

L'originalité de M. Foucault, dès *La Volonté de savoir*, consistait à montrer, contrairement à des schémas de pensée bien établis, que la sexualité est moins l'objet d'interdits et d'interdictions visant, à la réduire au silence, que l'enjeu de prescriptions et d'aveux[23]. C'est ce que précise à nouveau, sur textes grecs, *L'Usage des plaisirs* : la « sexualité » est moins l'objet des interdits et le produit des inhibitions qu'elle ne se manifeste au croisement d'interrogations, d'inquiétudes, de préoccupations formulées par le sujet lui-même et concernant l'exercice de sa sexualité propre. Bref, la « sexualité », pour Michel Foucault, *n'est pas l'objet d'un refoulement* mais *le sujet d'un questionnement*. Sous le concept de « problématisation »[24], si fréquent dans l'analyse, réside peut-être la découverte la plus signifiante, celle de ce que j'appellerai le « sexe propre », analogue, mais combien plus riche et diversifiée, à la découverte de la sexualité dans le « corps propre » de naguère. La « sexualité » est celle d'un sujet ; elle se vit et elle fait problème en première personne ; pour autant que la question grecque fondamentale, insuffisamment rappelée d'ailleurs par Foucault, était celle du *bios biôtos*, elle impliquait aussi l'interrogation simple de savoir : « comment il faut vivre », et plus particulièrement, selon Foucault : comment il faut vivre son sexe et avec son sexe. En ceci, la « sexualité » grecque diffère de la sexualité telle qu'elle apparaît comme *concept* et s'organise comme *objet* de savoir au XIXe siècle dans les cadres d'une « *scientia sexualis* », ou, par exemple avec Kraft-Ebing, d'une « *psychopathologia sexualis* », systématique et classificatoire. En plaçant, d'entrée de jeu, le terme de « sexualité » sous guillemets[25], Foucault fixe cette origine et marque cette différence ; il assigne ainsi à sa recherche non une sexualité d'« objet » mais une sexualité d'« expérience », celle qui fait que « les individus ont eu à se connaître comme sujets d'une "sexualité" »[26]. En tous cas, cette prudence typographique ne pourra sans doute pas dispenser de s'interroger sur la validité de la notion et la légitimité du concept appliquées aux « choses de l'amour » en Grèce.

Car les « choses de l'amour » se disent en grec *ta aphrodisia*, par quoi Foucault entame son étude en s'inspirant du beau livre de Dover[27]. Or cette expression, dont les caractéristiques grammaticales de la neutralité, de la pluralité et de la collectivité sont déjà sémantiquement intéressantes, touche à un registre diversifié de références et couvre une zone de significations tout à la fois *indéterminées* et *surdéterminées*. Elle signifie conjointement les choses, les gestes et les actes d'amour, avec une racine et un renvoi mythologiques à Aphrodite, que malgré sa banalisation et sa neutralisation dans le langage quotidien, il eût été intéressant de prospecter : les choses et les actes de l'amour grec sont sous le signe d'Aphrodite. Mais, en un sens spécialisé, *ta aphrodisia* signifient toutes les conduites de sexualité globalement envisagées et plus précisément l'acte sexuel proprement dit, au point que le couple *aphrodisiazein/aphrodisiazesthai*[28] désigne ce type d'« activité » qui consiste à *agir/subir* un « rapport sexuel »[29], bref l'acte de copulation ou d'accouplement. A noter que d'autres couples verbaux, comme *erân/erasthai, chairein/charizesthai*, mais aussi un verbe, à forme simplement active, tel que *suneînai*, ont le même sens[30]. Il est d'ailleurs remarquable que, tout en signalant, après d'autres, le grand partage de la sexualité grecque en activité/passivité et en l'interprétant dans le sens d'une répartition des rôles sexuels[31] — il faudrait ajouter des figures et des postures. M. Foucault n'examine pas d'abord le couple *érastès/érouménos*, si important dans la grande distribution de l'amour grec, mais qu'il en diffère l'étude au chapitre de l'« Erotique »[32]. De même pour l'*éros* et la *philia*.

L'intérêt de l'analyse est, ici, de dichotomiser l'activité sexuelle en activité d'activité et activité de passivité (on oublie trop souvent, par une inattention aux structures de verbe, que la passivité est encore, si l'on peut dire, une activité) ; il est aussi de montrer que, quel que soit le type de l'activité sexuelle, active ou passive, c'est toujours par l'acte que le plaisir vient combler le désir[33]. Mais un problème se pose sur la nature et la fonction du plaisir : *plaisir de remplissement*, selon Platon, ou *plaisir d'accomplissement*, selon Aristote ? Contre Platon, Foucault choisit Aristote, mais sans expliciter ce choix ni même le formuler comme tel. Dynamisme donc, à trois termes — *épithumia (énergeia), hédonè* — que l'on pourrait qualifier d'« énergétique »[34], si le terme d'*énergeia*, d'ailleurs absent du langage « érotique » grec, n'était trop « physiquement » connoté chez Aristote et par ses commentateurs. En tout cas, ce mélange d'indétermination et de surdétermination sémantiques qui caractérise *ta aphrodisia* et que M. Foucault rapporte, sinon à une pauvreté de langue, du moins à une « pudeur », en tout cas à une « grande réserve » de la littérature[35] en ces matières — l'iconographie est étrangement laissée de côté[36] —, peut être l'index d'une différence entre l'« érotique » grecque et l'*ars erotica* des Orientaux[37]. Resterait à savoir si la neutralité de la langue et la pudeur des « représentations » helléniques touchant le sexe ne pourraient pas être, non pas démenties, en tout cas fortement tempérées par une prospection du vocabulaire des poètes, Aristophane notamment, et par une relecture des vases grecs. Par leur sens des mots comiques et des images érotiques, les Grecs en savaient, en disaient et en montraient peut-être plus long sur les postures et les figures d'amour que Foucault, trop prisonnier d'une austérité de constant abord, ne leur en fait dire et ne leur en prête.

C'est aussi bien, dernier aspect de cette éthique du soi, que la thématique des plaisirs est soumise, Foucault le note avec autant de justesse que de finesse, à des pratiques, sinon à des règles, à des prescriptions, non pas à des lois, qui gouvernent l'« usage » — *chrèsis* —, la « maîtrise » — *enkrateia* — et la « mesure » — *metriotès* — des choses d'amour. En effet, par différence avec la pastorale chrétienne, la sexualité grecque n'est ni perçue ni pensée comme un *mal*, ce qui ne signifie pas pour autant, Foucault dénonce aussi ce schème idéologique répandu, qu'il faille *a contrario* l'imaginer comme licence. La vérité et la réalité de la sexualité grecque sont ailleurs. Susceptible de degrés, c'est-à-dire de variations en plus et en moins — le « *to pléon kai to élatton* » du *Philèbe*[38], caractéristiques de l'*apeiron* — la sexualité expose, par là même, à l'outrance et à l'excès, comme dans le foisonnement et l'exubérance spermatiques que décrit la nosographie du *Timée*[39]. Elle doit être du même coup subordonnée à une *technique de l'usage*, qui réglera le désir sur le besoin[40] (anticipation de la distinction épicurienne entre le naturel et le superflu), précisera les circonstances (en appliquant aux choses du sexe le sens du *kairos*[41] et une déontologie du « quand il faut », « comme il faut »...) et modulera l'acte selon le rang et le statut social[42]. En quoi l'usage des plaisirs s'inscrivait dans la grande problématique grecque de l'utilité et de l'utilisation, dont on sait qu'elle fixe la supériorité de la *chrèsis* sur la *ktésis* et sur la *poièsis* et détermine du même coup la priorité de l'usage sur la propriété comme celle de l'usager par rapport au producteur. Il faut se faire à l'idée que la morale grecque était une *morale de l'usage*, qui ne signifie pas exclusivement utilisation ni consommation, plus encore qu'une *morale de l'agir*. Inversement, la sexualité peut introduire — métaphores politiques — révolte et « guerre civile »[43], *stasis*, chez l'individu qui ne la maîtrise pas. D'où l'*enkrateia*, vertu de force, de maîtrise et de domination de soi — Foucault l'appelle « *héautocratique* »[44] — que les Grecs métaphorisaient agonistiquement, athlétiquement et polémiquement. Ce qu'il s'agit de faire c'est de lutter avec soi, de l'emporter sur soi, d'être plus fort que soi, bref par un exercice intériorisé et réfléchi de l'*archè*, d'être maître de soi.

Mais si Foucault observe avec acuité que ce travail sur soi implique, dans l'éthique grecque, une *dimension d'intériorité*, contrairement là encore à un schème idéologique répandu, il ne décèle pas assez rigoureusement dans la *maîtrise de soi* une *dialectique intime et intériorisée du maître et de l'esclave*. Dans la cité antique, la « maîtrise » de soi ne peut être considérée seulement comme une figure de rhétorique ou comme un idéal philosophique et moral. Elle relève d'une appréhension politique et domestique du soi, où ce qui, dans le soi, est opposé à soi — plaisirs et désirs — prend la position de l'esclavage pour que le soi lui-même prenne celle de la maîtrise. On y reviendra peut-être. Mais ce qu'il faut bien voir dans l'idéal d'*héautocratie* et dans les formules qui l'expriment — *auton héauton archein, enkratè autou héautou*[45] —, c'est non seulement la figure politique et domestique du pouvoir non seulement son intériorisation, mais *la division de l'intériorité même en intériorité et extériorité*, sur quoi l'éthique stoïcienne construira l'opposition, dans l'homme, de la *volonté* et du *désir*, de la *raison* et de la *passion*, de la *liberté* et du *servage*. D'autres figures, empruntées à l'animalité et à la bestialité et affrontées à celles de la divinité, devraient être aussi répertoriées. Elles aideraient à reconstituer, par tout un système d'oppositions, cette vérité de l'« homme » grec, qui ne peut être compris qu'à la condition d'être resitué, entre les dieux et les bêtes[46], dans ce qui pourrait s'appeler le *triangle anthropologique*. Enfin, cet idéal de l'*enkrateia*, dont Foucault montre bien les implications quant à la liberté, à la virilité et à la vérité[47] ainsi que sa tonalité d'*austérité*, devrait être replacé dans la grande systématique grecque des vertus et des vices que Platon organise, contraires contre contraires, et qu'Aristote dialectise à trois termes, en établissant que toute vertu est « moyenne », donc « mesure » entre deux vices considérés comme ses extrêmes « éthiques ». Cela permettrait de faire sa part, à l'*immoralité grecque*, aux frontières de la moralité, et d'apprécier plus rigoureusement, par différence avec la réalité des *pratiques immorales de soi*, le caractère idéal et en tout cas « élitiste »[48] de l'ascétique des plaisirs sexuels ainsi que le sens élevé de ce qui se désignerait comme les plaisirs d'austérité.

II - UNE « DIÉTÉTIQUE » DES PLAISIRS

Car le rapport à soi se double aussi d'un rapport au corps ; l'ascétique se renforce d'une diététique des plaisirs. C'est d'abord une polysémie de la « diète » que M. Foucault fixe au point de départ. Anthropologiquement, si l'on peut dire, c'est « par une sorte de *rupture de diète* »[49], c'est-à-dire par un passage d'une diète primitive, « diète violente et bestiale »[50], commune aux animaux et aux hommes, à une « diète plus douce »[51], que l'humanité découvre le régime spécifique qui la définit. Comme on l'a montré ailleurs[52], ce sont les catégories culinaires du *cru et du cuit*, auxquelles l'*Ancienne Médecine* était si attentive, ainsi que les pratique du *bouillir et du rôtir*, qui ont libéré l'humanité de son animalité originaire. Bref, c'est par un changement de diète et une modification de régime que l'homme est passé de la nature à la culture. Médicalement, donc en un autre sens, la diète opère une deuxième distinction, dans l'homme cette fois, entre l'humanité malade et l'humanité de santé. En effet, le partage nosologique entre santé et maladie, normal et pathologique, tel qu'il s'opère par exemple dans les *Sentences cnidiennes*, véritable « traité de pathologie »[53], sépare identiquement thérapeutiques et diététiques, c'est-à-dire les systèmes de soins et les régimes de vie. Mais, qu'il s'agisse de la diète de santé ou de la diète de maladie, c'est la médecine comme *tekhnè* qui en est le *savoir-pouvoir* responsable et, comme telle, elle est amenée à se prononcer quant aux incidences de la sexualité sur le régime de vie. A signaler, en outre, en un sens philosophico-politique, la grande *suspicion* platonicienne à l'endroit du « régime » et qui inspire une nouvelle « pratique divisante ». Il s'agit en effet de mettre à part le régime de « la vie rude et saine des anciens temps »[54], à base de gymnastique et à finalité militaire, qui permet de faire l'économie de la médecine, la « traumatologique » exceptée, et d'autre part ces « diététiques » sophistiquées, qui entretiennent la maladie plus qu'elles ne ramènent à la santé dans une cité de malades[55]. Bref, se détourner, pense Platon, des excès de la médecine hippocratique pour revenir à celle d'Asclépios, voire écarter de la cité les médecins qui, comme les poètes, quoique en un autre sens et sur un autre mode, sont des fauteurs de « mollesse ».

Les « choses de l'amour » relèvent ainsi, non seulement d'une ascétique morale, mais d'une diététique médicale. Au côté des *ponoi, sitia, pota hupnoi,* les *aphrodisia* figurent dans la liste des choses qui doivent être « mesurées »[56]. Qu'il s'agisse de l'« idéal » pythagoricien de vie ou de l'« anthropologie » implicite de la médecine grecque, l'*homme somatique* et l'*homme psychique* configurent. Surtout, la lecture médicale de l'acte sexuel et de ses conséquences — « le coït amaigrit, humecte et échauffe »[57] — autorise des prescriptions saisonnières qui, de façon à la fois vague et précise, scandent le « grand calendrier de santé »[58] du régime de vie. *Des actes et des saisons,* non cependant *des jours.* Car, en tenant compte des déterminations climatiques et somatiques du « sec », du « chaud » et de l'« humide », il sera convenable et conseillé de préférer l'hiver et d'éviter l'été pour ce qui est de « faire l'amour ». A signaler d'ailleurs l'étonnant *paradoxe érotique,* formulé déjà par Hésiode, mais signalé par Foucault à partir d'un problème du Pseudo-Aristote[59] ; c'est à la canicule que la femme est la plus chaude et que l'homme, desséché par les travaux, est le plus impropre aux *aphrodisia :* le moment de la plus grande lascivité pour les femmes coïncide avec celui de la plus grande débilité amoureuse pour les hommes[60]. Mais, indépendamment de ce chiasme saisonnier, qui divise le masculin et le féminin, la diététique médicale des plaisirs vise plutôt à introduire dans le régime sexuel de la santé des « régulations » larges. Rien qui ressemble ici à la distinction dans le calendrier archaïque, des jours « fastes » et « néfastes » et à quoi correspondait, comme dans la pastorale chrétienne du « licite » et de l'« illicite », une répartition des jours « avec » ou « sans » amour. Il n'y a pas, chez les Grecs, de « jours ouvrables »[61] pour le plaisir sexuel.

C'est en effet que les prescriptions médicales sont appuyées sur des préoccupations moins circonstancielles et plus fondamentales. Celles-ci visent, tour à tour, à prévenir les « maladies de l'excès », notamment cette « phtisie dorsale » fréquente chez les jeunes mariés et chez les *philolagnoi*[62], à prôner l'« abstinence sexuelle » nécessaire aux athlètes[63] et surtout à rappeler la *grande téléologie-téléonomie de la procréation* qui doit présider aux actes d'amour. D'où, chez Platon surtout, toutes sortes de précautions actives et préventives à respecter : pureté, sobriété, convenances d'âge, en vue d'«obtenir une belle descendance »[64]. Ces problèmes, relatifs au *génos* et à sa perpétuation, non seulement biologique mais également éthique et religieuse, auraient dû permettre de soulever ici la difficile question de l'*eugénéia* et d'aborder aussi la problématique complexe, et qui n'est pas simplement platonicienne, de l'*eugénisme antique*[65] . Plus en profondeur encore, l'analyse médicale de l'« orgasme », et surtout de l'« éjaculation » et son interprétation comme « dépense » et « déperdition », culminent dans une vision de l'acte d'amour comme « petite épilepsie »[66] . Déjà le thème de la « petite mort ». Ce qui prouverait, mais par un aspect isolé de la mentalité collective et tardive, plus que par un témoignage de la pensée médicale du temps, que l'amour et la mort pouvaient coïncider, mais sans pourtant que se conjuguent déjà *éros* et *thanatos* comme dans la modernité. En tout cas ces analyses, que devrait prolonger une recherche systématique sur la trilogie de l'orgasme, de l'éjaculation et de la dépense, débouchent, aux frontières de l'amour, de la mort et de l'immortalité, sur une des questions majeures de l'Antiquité : « Dans quelle mesure, bien qu'il ne soit qu'un homme, l'homme peut-il s'immortaliser ? » La réponse est ici encore d'austérité : en séparant l'âme du corps, conseil philosophique, et en préservant le cerveau de la déperdition du sperme[67], consigne médicale. Elle s'oppose terme à terme avec la dynamique taoïste de l'échange généreux des « énergies » complémentaires, masculine et féminine, du *yang* et du *yin* et plus encore avec les croyances à la longévité et à la perdurabilité des corps, qui s'attachent aux « pratiques de lit » telles qu'elles sont détaillées, précisées et codifiées dans ces véritables « manuels du sexe » que représentent les « Traités de la chambre » propres à l'*ars erotica* en Chine ancienne[68]. Rien de tel chez les Grecs, encore que la question de l'« érotique » grecque demeure suspendue, nous l'avons suggéré, à toute une peinture de la vie amoureuse chez les poètes et dans les arts. Reste à savoir aussi si le principe d'*austérité*, dont la vérité paradoxale résiderait dans la *priorité*, d'origine hésiodique, *du moins sur le plus*, ne constituait pas, ici encore, un idéal éthique et diététique accessible seulement à l'« élite » intellectuelle et philosophique, dont d'austérité et l'intellectualité devaient contraster largement avec les pratiques de vie populaires et quotidiennes. C'est toute la question du sens et de la portée, sociale notamment, de ce qu'il faut entendre par les « pratiques de vie ». A lire simplement les dialogues dits socratiques et à évoquer aussi le système platonicien des styles de vie et des types d'hommes correspondant — *philochrèmatos, philosômatos, philotimos* et enfin *philosophos*[69] — on peut douter radicalement que les pratiques de vie, ainsi diversifiées, aient culminé toujours dans le souci de soi. Le thème de l'*améleia sautou* le confirmerait. En tout cas, de même que Foucault souligne fort justement que rien, dans les règles grecques de la vie, ne ressemblait à une légalité universelle, de même et s'agit-il de la morale platonicienne, la plus « austère » sans doute, rien dans la hiérarchie des valeurs grecques ne permet de *réduire toutes les valeurs* à l'unique système des valeurs du savoir. Les modulations du *philein* peuvent témoigner, en composition avec les valeurs de la richesse et du corps, des honneurs et de la gloire, qu'il était possible, non de faire son « salut », mais de pratiquer et de « vivre sa vie » indépendamment du souci de soi et de la vie philosophique.

III - UNE « ÉCONOMIQUE » DE L'ORDRE DOMESTIQUE ET CONJUGAL

« Comment, sous quelle forme et à partir de quoi les rapports sexuels entre mari et femme ont-ils, dans la pensée grecque, "fait problème"[70] ». La question peut surprendre, comme « thème de préoccupation morale », dans une société que l'on sait « si fortement marquée par la domination des « hommes libres »[71]. Néanmoins, dès son « Introduction » sur « les formes de problématisation », Foucault, en comparant deux textes, l'un de François de Sales, l'autre de Pline, consacrés tous deux à *la pudeur et à la fidélité de l'éléphant en amour*, avait inauguré la problématique du couple et de la fidélité des conjoints[72]. C'est elle qui est reprise à propos de la « sagesse du mariage », mais aussi compliquée par une référence au *Contre Nééra*, souvent cité, de Démosthène. On connaît la schématique de ce texte, qui distribue ainsi ce que devaient être les « positions » et les « fonctions » féminines dans la société grecque : les courtisanes pour le plaisir, les concubines pour les soins journaliers, les épouses pour les enfants légitimes et comme fidèles gardiennes des choses de la maison[73]. A ce schéma, où J.P. Vernant, non cité ici, voyait « une distinction toute rhétorique et qui ne signifie rien sur le plan des institutions »[74], M. Foucault tente de donner une *explication comparatiste*, en confrontant différents régimes matrimoniaux : polygamie chinoise, monogamie chrétienne, « mariage » grec, à quoi devrait être ajoutée la formule plus énigmatique et fantasmatique du « sérail », bien étudiée par A. Grosrichard[75].

Or, parmi tous les régimes de conjugalité, le mariage grec occupe une place à part, que seule une analyse comparée et une étude des relations dissymétriques et inégalitaires entre l'homme et la femme permettra de fixer. Adoptant, à la suite de Lacey, une lecture « cumulative » du *Contre Nééra*, Foucault[76] reprend la rhétorique étagée du plaisir, des soins quotidiens et de la procréation selon trois positions féminines bien distinctes. Il faut rappeler néanmoins, avec J.P. Vernant[77], le texte de loi sur la *moicheia* qui, datant de Solon ou de Dracon, compte la *pallakè* parmi les femmes susceptibles de flagrant délit d'adultère. La position très particulière qu'elle occupe « dans » la famille grecque suggère une lecture plus complexe, peut-être insuffisamment pressentie par Foucault, de la sexualité hellénique : « sélective » donc cumulative pour l'époux, « exclusive », encore que n'excluant pas une liaison hors mariage pour l'épouse. L'épouse ne peut donc connaître qu'une *sexualité dans le mariage*, une sexualité vouée à la procréation d'enfants légitimes, à quoi s'ajoute la fonction de « maîtresse de maison» inséparable de celle de « femme mariée ». La concubine, ou *pallakè*, propose une *sexualité hors mariage* mais qui se joue dans la maison, où elle peut, elle aussi, procréer des enfants, qui ne seront ni *gnèsioi*, comme ceux de la femme légitime, ni toutefois *nothoi* comme ceux qui pourraient être issus d'une bâtardise, mais qui seront déclarés *éleutheroi* au même titre que les premiers[78]. On voit ainsi que la pallaque occupe, par rapport à la femme légitime, une position sexuelle relativement « rapprochée », tout en ne pouvant, semble-t-il, revendiquer ni usurper le rôle de « maîtresse de maison », qui est l'exclusivité de celle-là. La courtisane enfin dispense une *sexualité hors mariage* et peut assumer *hors maisonnée* une procréation qui ne sera que de bâtardise. Quant à l'homme, en raison d'une sexualité que nous avons définie comme « sélective », il peut effectivement choisir ou sélectionner ces trois types de sexualité, sans parler de la relation *érastès/érouménos*. La fidélité conjugale ne peut être requise de lui. Il ne tombe pas non plus sous la loi de l'adultère imposée à la femme légitime, sauf à être, ce que l'on ne remarque pas assez, « pris sur le fait » comme *« moichos »*, ce qui l'expose, comme tout homme surpris en cette situation, à être tué sur-le-champ — cas de *phonos dikaios* — par l'époux trompé, tel l'Ératosthène de Lysias[79]. On voit ainsi que la société grecque mêlait, mais sans les confondre, différents régimes de sexualité et que la *sexualité de maisonnée*, tout en imposant de distinguer entre le plan du *gamos* et celui de l'*oikos*, donc en séparant les positions de la femme légitime et de la concubine, pourrait être définie, approximativement, comme une singulière *hybridation* de mono- et de polygamie.

Mais, en dépit de cette situation « dissymétrique » et « inégalitaire », qui impose à la femme mariée un partenaire exclusif, tout en autorisant à l'homme une multiplicité de relations, le mariage établit entre les époux un type particulier de *« communauté »* qui, pour être comprise, doit être replacée dans le cadre de l'*oikos*. D'où la reconstitution minutieuse, opérée par Foucault à partir de l'*Économique* de Xénophon, de la « Maisonnée d'Ischomaque »[80], sorte d'idéal type du propriétaire terrien athénien. Notons d'abord, dans ce traité d'«économie» antique, un déséquilibre flagrant entre les considérations sur l'épouse, en réalité la maîtresse de maison — seize pages[81] —, et l'ensemble des réflexions sur l'ordre de la maison, l'exploitation agricole, les pratiques agronomiques, le tout rapporté à l'art du maître comme art de commandement. Mais, c'est à l'intérieur de cet ordre domestique, souvent analysé militairement et nautiquement par Xénophon[82], que Foucault découvre attentivement la vérité des relations de conjugalité. A l'intérieur d'une *koinônia*[83], dont les termes ont été fixés, au plan des richesses, semble-t-il, entre l'époux et le père de l'épouse, la femme occupe une fonction générale de « collaboratrice » et d'« associée », *sunergos*[84], dans une entreprise qui vise à la croissance ou tout au moins au maintien du patrimoine. Dans cette « synergie », la répartition des rôles et la division sexuelle du travail sont strictes et fonctionnent selon un système d'oppositions marquées : dehors/dedans, campagne/maison, production/conservation, rentrées/dépenses, organisation/rangement, endurance/prudence, mais avec de part et d'autre, le même devoir d'« être sage » – *sôphronein*[85] – et un partage, mais inégal, de la « maîtrise ». En effet, la femme n'est la maîtresse que de la « maison du dedans », si l'on peut ainsi dire. C'est l'homme qui exerce l'*archè*. C'est lui le maître de la maison au sens large. On peut donc admettre que rien, dans cette communauté, ne ressemble à une communauté de personnes. Car, bien que la relation de l'époux à l'épouse, au moins dans les premiers temps du mariage, soit *pédagogique* et de maître à élève[86], Xénophon admet qu'il n'est guère de gens avec qui l'on « converse » si peu qu'avec sa femme[87], qui est pourtant la reine de la ruche[88]. Le partage des rôles est explicite, mais son exercice est largement tacite. D'ailleurs, c'est une discrétion plus forte encore qui règle la « question des rapports sexuels »[89]. La fidélité de l'épouse est postulée implicitement sans la moindre allusion : elle va de soi[90]. L'importance de la descendance est, à plusieurs reprises, affirmée, bien que le couple soit encore sans enfants. La toilette et la coquetterie, le maquillage et le fard sont tromperies ou superfluités[91]. C'est le mari qui parle. La beauté de la femme, si importante dans la conjugalité grecque, vient d'ailleurs, des « exercices », de la « marche », de la « façon de se tenir », bref d'une *euschèmosunè* féminine qui, pour n'être pas identifiée comme telle par Foucault, mériterait toute une recherche. De la moralité des corps et des attitudes chez les Grecs et principalement des corps féminins accordés à la vertu, non mentionnée ici, de l'*aidôs*, de la « retenue », et du silence. En contrepartie, mais de façon plus implicite encore et sans aucun engagement, si l'on peut dire, de « fidélité », le souci masculin de conserver à l'épouse légitime la « place éminente que lui a donnée le mariage »[92], en la préservant d'une concurrence ou d'une répudiation. En ceci, non l'« ébauche d'un code moral, encore inexistant »[93], ni l'esquisse d'une symétrie entre les sexes, mais l'amorce d'une première conscience des « devoirs du mari »[94], plus fondés, il est vrai, sur la conservation du bon ordre de la maison et le maintien dans ses fonctions de l'archaïque *despoina* que sur la reconnaissance de l'épouse comme conjointe ou parte-naire exclusive. Ces transformations apparaîtront plus tard avec la parénétique stoïcienne, dans la famille romaine et, en pleine rigueur, à partir de la pastorale chrétienne. Ici, il ne s'agit encore que du « maintien du statut de l'épouse », considérée comme la « maîtresse obéissante de la maison »[95].

Mais le cadre de *l'oikos*, avec ses exigences d'ordre domestique et conjugal, n'est pas le seul où l'on puisse déceler ce que Foucault appellera plus loin les « éléments d'une morale du mariage »[96]. La cité platonicienne des *Lois*, par toutes sortes de dispositions, limite la sexualité à l'intérieur du mariage et enjoint aux couples « un but commun — celui de géniteurs des futurs citoyens »[97]. Le Nicoclès d'Isocrate, tyran éthique et éclairé, justifie son pouvoir par une tempérance reconnue et publique : depuis son accession politique, il n'a eu de rapport physique « avec personne d'autre que sa femme »[98]. Enfin, le maître de maison de l'*Économique*, attribué à Aristote, après des considérations sur l'« être et le bien-être », aborde la question des injustices réciproques à ne pas commettre entre époux et il ajoute : « Ce serait une injustice de la part du mari que des fréquentations illégitimes *(thurazé sunousiai)*[99]. » C'est en effet que le statut de la femme au foyer de l'époux est, selon Aristote, moins assuré que son rang de maîtresse de maison ne le donne à penser ; comme le disent les pythagoriciens, « elle est... à la maison comme une suppliante et une personne enlevée à son foyer »[100]. Mais, dans la maison d'Ischomaque, de même que pour tous ces cas, la *morale d'austérité* masculine est fondée sur des considérations totalement étrangères au respect mutuel des personnes, domestiques ou politiques, et la finalité de l'austérité de l'époux, c'est l'autorité du maître ou du tyran, la stabilité de la maison ou de la cité.

Il conviendrait d'ailleurs de s'interroger sur le caractère simplement *ébauché* et relativement *exceptionnel* de ces prescriptions domestiques d'austérité. La maison d'Ischomaque semble bien être, disions-nous, un *ideal-typus*, c'est-à-dire un idéal et un modèle philosophiques plus qu'une réalité historique. De plus, la citation pythagoricienne de la *femme suppliante* mais aussi les pratiques de répudiation signifient bien que le mariage grec, qui ne repose pas, J.P. Vernant le montre, sur une « institution matrimoniale parfaitement définie »[101], mais consiste seulement en un cérémonial de dation, *ekdôsis*[102], n'a pas la *stabilité* (encore moins l'*indissolubilité* du mariage chrétien) que certaines formes d'austérité masculine le donnent à penser. Il conviendrait aussi de travailler sur un échantillonnage plus étendu et plus diversifié des mariages grecs qui, dès l'époque archaïque, totalement absente de l'étude, et notamment chez Homère, révélerait d'importantes *différences de couples* : Laërte, le père d'Ulysse, et sa femme Anticleia forment un « bon couple » mais c'est dans la mesure où — pratique d'austérité déjà — Laërte s'est abstenu de la couche — *eunè* — de la servante Euryclée, évitant ainsi le *cholos* de son épouse, que Bérard traduisait par les « scènes conjugales »[103]. Inversement, Agamemnon et Clytemnestre constituent un « couple tragique », dissocié notamment par la double présence d'un *moichos*, Égisthe, et d'une *pallakè* ou *captive*, Cassandre, et qui se supprime dans le crime. Par contre, le couple royal, chez les Phéaciens, est un couple harmonieux et équilibré, tandis que par toutes sortes d'allusions, on comprend que le couple d'Ulysse et Pénélope, outre qu'il est défait par la séparation et l'absence, est peut-être aussi un couple « à problèmes ». De même faudrait-il inventorier, à l'époque classique, les « couples comiques », sujets à plaisanterie, comme celui de Strepsiade[104], parce que fondé sur la « mésalliance » d'un campagnard et d'une citadine, dans les *Nuées* d'Aristophane, ainsi que les « couples de tragédie », notamment le « couple impossible » entre Médée et Jason dans la pièce d'Euripide. « Médée crie à l'« infidélité » de Jason »[105], note ponctuellement Foucault pour illustrer les exigences qui commencent à naître touchant la « fidélité » des époux. Encore eût-il fallu replacer plus nettement la remarque dans le contexte de l'*instabilité* du *gamos*, exposé, par la répudiation de l'épouse, à la dissociation, dans le schéma du concubinage avec la barbare mais aussi dans le courant de pensée, à supposer que le terme soit autorisé, d'un *« féminisme » grec*, dont les signes apparaissent, ici et là, chez les comiques et les tragiques. Sans « moderniser » ce courant, on peut admettre cependant que la distribution du masculin et du féminin commence à « faire problème » *du point de vue des femmes*. Dans ce débat d'idées, où s'inaugurent une rhétorique et une dialectique féminines et « féministes », la Médée d'Euripide incarne explicitement la *contestation* la plus avancée du triple assujettissement de la femme à l'*oikos*, au *gamos* et au *tokos*[106]. A partir du contexte « matrimonial » et du courant « féministe »[107], on verrait alors que les pratiques d'austérité masculine ne constituent qu'une figure, sans doute intéressante mais limitée, dans la problématique antique et à l'intérieur des pratiques de couple.

IV - L'« ÉROTIQUE » DES GARÇONS ET DE LA VÉRITÉ

La question du plaisir et du rapport à soi se « problématise », une nouvelle fois, avec la question de l'« homosexualité » grecque et de sa « métaphorisation », en tout cas de sa transposition en « amour de la vérité », c'est-à-dire « à l'intérieur », les mots sont ici réservés, d'une « érotique ». La « problématisation » en est déjà formulée, dans l'« Introduction », en termes de « liberté-vérité » et sous trois remarques. D'une part, la ligne de partage, dans la « sexualité » grecque, est moins celle de la masculinité/ féminité que celle de l'activité/passivité : « pour les Grecs, c'est l'opposition entre activité et passivité qui est essentielle »[108]. D'autre part, ce que l'on peut appeler la sexualité de référence et de préférence, ou encore *sexualité noble*, est marquée au signe de la « virilité » *et* de la « liberté » qui, elles-mêmes, signifient ou symbolisent l'activité et la maîtrise : un homme peut avoir rapport aux femmes *ou* aux garçons pourvu qu'il reste un homme, libre et maître de lui, bref, à la condition surtout d'éviter l'« effémina-tion »[109]. Enfin, cette liberté est définie à maintes reprises par Foucault comme rapport au vrai, à la vérité, au *logos*. Il reprend sur ce point l'adage socratique ainsi reformulé : « les intempérants sont toujours en même temps des ignorants »[110]. Mais une indécision, voire une équivoque, subsiste, dans cette « Introduction », quant à la vérité, ou plutôt une exclusive s'indique : la vérité paraît davantage être considérée comme celle du *désir* et faire tour à tour l'objet de ce que Foucault appelle une « herméneutique du soi » et une « esthétique de l'existence »[111] plutôt que comme celle de l'*Essence* ou de l'*Idée*, étonnamment passées sous silence, et pourtant susceptibles, on le sait, d'une « eidétique » et d'une « dialectique ». La même équivoque frappe d'ailleurs celle-ci, le « tempérant » étant identifié au « dialecticien » : « l'homme de tempérance était aussi l'homme de la dialectique »[112]. Bref, tout se passerait un peu comme si la *vérité du désir*, dans cette version préli-minaire, escamotait déjà le *désir de vérité*. Tout se passerait aussi, au plan des « interprétations », comme s'il était difficile — et ça l'est — de faire tenir ensemble l'amour et la vérité, soit que l'on tire l'amour vers les Idées au point d'en faire une sorte d'*« amor intellectualis »* avant la lettre, comme c'est un peu le cas de *La Théorie platonicienne de l'Amour* de L. Robin[113], soit que l'on décrive l'amour sans les Idées, donc l'*« amor homosexualis »*, envisagé comme l'ensemble des pratiques érotiques entre hommes. Ainsi de la récente et pertinente étude, déjà citée, de K.J. Dover, *Homosexualité grecque*[114]. Bref, le problème, qui est sans doute l'un des plus subtils de la philosophie grecque, est de comprendre *Socrate amoureux* et de solidariser dans la formule aussi rebattue qu'insolite de l'« amour des Idées », érotique et eidétique. C'est tout le problème de ce que Foucault désigne, « après » une érotique consacrée à l'« amour des garçons », le « véritable amour »[115]. Encore faudra-t-il savoir si le pari de conjuguer en ces termes l'amour et la vérité permet d'analyser au fond et d'interpréter en son sens l'étonnante métaphore platonicienne de l'*éros* et cette combinaison sans précédent, mais promise à un long avenir, d'une *érotique* et d'une *eidétique*. L'« histoire de la vérité », visée lointaine mais omniprésente de M. Foucault à l'horizon de son « histoire de la sexualité », est à ce prix, sauf à manquer ou minimiser la stupéfiante émergence de la *philo-sophia*, c'est-à-dire l'apparition, au sens fort et inédit, d'un *amour du savoir*. Bref encore, comment s'est-il fait qu'avec Platon et pour l'Antiquité grecque, l'*éros* ait changé d'objet et modifié tellement l'érotique qu'un certain type d'homme, le *philosophos anèr*, éprouve désormais *de l'amour* pour les Idées[116] ? Car les figures de l'*éros* ne manquaient pas dans la vie et les arts, ni les formes de la *sophia* dans la littérature philosophique. La nouveauté, c'était de brancher l'*éros* sur la *sophia* et d'en faire surgir la *philosophie* même.

Deux séries de remarques préliminaires inaugurent, ici aussi, l'érotique des garçons selon M. Foucault. D'une part, il convient de corriger comme inadéquat un schéma interprétatif d'ensemble, selon lequel les Grecs auraient été « tolérants » pour les pratiques d'« homosexualité ». Indépendamment des différences qui, sur cette question, partageaient cultures et cités[117], les choses paraissent plus complexes et plus ténues. Pas d'« homosexualité » grecque à proprement parler, selon M. Foucault, mais plutôt une forme de « bisexualité », à condition d'en ressaisir le sens. Non pas, ici, « singularité d'un désir qui ne s'adresse pas à l'autre sexe »[118] ni confiscation exclusive d'un sexe pour le même sexe — « notre » homosexualité —, non plus que deux désirs hétérogènes pour l'un et l'autre sexe — « notre » bisexualité —, mais le « même désir », qui « s'adressait à tout ce qui était désirable, garçon ou fille »[119]. Tout se serait donc passé comme si l'« homosexualité » grecque s'était trouvée inscrite dans la « monosexualité » d'un désir plus originaire, initialement indifférencié, puis partagé en bisexualité selon l'attirance pour les garçons et les filles. L'« homosexualité » serait alors la figure originaire de cette « bisexualité ». Ce qui ne veut pas dire que, touchant aux garçons, l'*éros* était « toléré », encore moins qu'il « allait de soi »[120], ni qu'il ne suscitait pas réprobation. Ainsi de la débauche d'Alcibiade, accusé par Bion de Boristhènes « dans son adolescence d'avoir détourné les maris de leurs femmes et, dans sa jeunesse, les femmes de leur mari »[121]. Ainsi également du mépris qui enveloppait généralement les conduites des « cinèdes »[122], ces spécialistes des amours débauchées, dont la caractéristique érotique et peut-être aussi le propre étymologique étaient d'« ébranler la pudeur » : *kinein ten aidôs*. Plus particulièrement, l'amour des garçons faisait problème en Grèce, comme le prouvent d'innombrables notations délicates et de prescriptions fines, admirablement relevées par M. Foucault. Devaient être en effet considérés l'âge comparé des partenaires — importance du « différentiel d'âge »[123] –, les façons de demander et d'accorder les faveurs – ritualisation des « pratiques de cour »[124] – dont la symbolique subtile pourrait s'exprimer dans la formule : *« éason »*, inscrite sur certains vases, et dont K.J. Dover souligne l'équivoque ténue : « laisse-moi faire » ou « laisse-moi seul »[125], selon que l'énonciateur est un *érastès* qui se déclare et s'enhardit ou un *érouménos* qui se dérobe ou se réserve. A signaler aussi, entre l'amant et l'aimé, une sorte de « jeu ouvert » et « sans aucun pouvoir statutaire »[126], qui reposait sur la persuasion et le consentement et où les « discours d'amour », si nombreux et nuancés dans la littérature grecque mais non analysés comme tels par M. Foucault, occupaient une place centrale et, si l'on peut dire, joignaient la parole au geste. A signaler encore le sens de la fugacité, voire de la précarité du temps d'aimer, qu'accompagnait aussi le souci éthique de transformer un *éros* éphémère, parce que trop lié à l'éphébie, en une *philia* durable pour la vie[127]. Toutes ces pratiques impliquent enfin un rapport « à deux modérations »[128], celle de l'éraste, qui ne doit pas être trop rapidement pressant, celle de l'éroumène, qui ne doit pas céder trop vite ni consentir trop tôt. C'est aussi bien qu'un sens, sinon tout à fait un code, de l'« honneur du garçon »[129] préside à ces pratiques de séduction tout empreintes de tact et de goût. Car, entre l'« honneur » et le « déshonneur », ou *aiskhunè*, la limite est instable, de même qu'entre le convenable et l'inconvenant : « tout ne doit pas être refusé, mais tout ne doit pas être accepté »[130]. D'où une extrême discrétion sur l'acte lui-même[131] ainsi qu'une « difficulté à penser le garçon comme objet de plaisir »[132], tout cela lié sans doute au souci de le préserver d'une *infériorité éthique* qui risque de découler de la passivité attachée à la domination et à la pénétration[133]. Le cas limite de la « prostitution » ou *porneia* masculine entraîne d'ailleurs disqualification civique, comme le montre le *Contre Timarque* d'Eschine et fait aussi l'objet, chez Aristophane, de plaisanteries et moqueries comiques[134]. En revanche, c'est à une autre domination, *la domination de soi sur soi*, que doivent s'exercer l'amant et l'aimé, qui rivalisent ainsi d'une même *sôphrosunè*, grâce à laquelle la formation éthique et l'éducation philosophique confèrent à l'érotique une nouvelle orientation.

Mais, pour comprendre en quoi l'amour des jeunes gens doit se garder de transformer l'éphèbe en équivalent féminin ou en « objet de plaisir », peut-être eût-il fallu reconstituer systématiquement le sens archaïque de l'« homosexualité » grecque comme pratique de virilisation militaire et guerrière[135], ainsi que l'évolution de ces pratiques dans le cadre d'une éducation politique et d'une initiation civique. Plus que d'« homosexualité » grecque, il faudrait donc parler de « pédérastie » grecque[136], en insistant

136

sur le fait que la visée de cette érotique réside moins dans la recherche du plaisir ni même peut-être d'une domination sur le plaisir, constitutive du « sujet » éthique, que dans l'initiation civique et dans la formation socio-politique de l'aimé selon un jeu complexe d'aides et d'assistances, d'introductions et de recommandations. L'étrange déclaration d'amour de Socrate à Alcibiade, au tout début du dialogue du même nom, en est un témoignage voilé. La pédérastie de l'amant a donc pour enjeu principal la pédagogie de l'aimé. La question demeure d'ailleurs posée de savoir pourquoi, à l'époque classique, où la formation militaire a largement changé de sens avec l'apparition des institutions démocratiques, le modèle a subsisté d'une péda-gogie de type pédérastique, à fonction éthique mais aussi sociale et politique. Plus précisément, pourquoi n'était-ce pas à la relation père-fils qu'était dévolue cette fonction de formation du jeune homme par l'homme mûr ? Quel était *le rôle du père*, pris sans doute, en tout ceci, entre une défiance morale et une sorte de complaisance sociale ? La question est loin d'être claire, aussi bien dans l'*Eroticos* du Pseudo-Démosthène, cité comme exemple par M. Foucault, que dans le *Banquet* de Xénophon. En effet, le père d'Autolycos est présent avec lui au *symposion* donné par Callias, l'éraste du jeune homme, sans que l'on puisse bien discerner son rôle en cette situa-tion. Mais ce qui est sûr, c'est que le jeune homme s'assied « auprès de son père » — *para ton patéra* — et que, notation importante le concernant, il est dit que « la beauté est, de sa nature, royale, surtout quand elle s'accompagne de réserve et de domination de soi »[137]. Ce qui confirmerait que l'« antino-mie du garçon »[138], selon l'excellente expression de M. Foucault, c'est-à-dire cette équivoque qui tient à ce qu'il est traité comme « objet de plaisir » et visé comme « sujet de maîtrise », cette antinomie se résout, mais au prix d'une résignation de l'érotique ou plutôt de l'*éros* devant la formation éthique et politique et plus encore dans la conversion philosophique. Mais dans cette redéfinition du rapport d'*éros* en relation de *philia*, s'agit-il bien d'une résignation ? Et dans cette érotique philosophique, qui transforme plus radicalement encore l'éroumène d'« objet de plaisir » en « sujet maître de ses plaisirs »[139], quelle part est gardée pour l'*éros*, quelle part revient à la *« philosophia »* ?

C'est en terme de « passage » que M. Foucault aborde pour finir — « quatrième des grands thèmes d'austérité »[140] — la problématique du « véritable amour », analysant, principalement au travers de son « élaboration platonicienne », la distance qui sépare l'« érotique courante »[141] de l'éroti-que savante ou philosophique.

Peut-être eût-il fallu préférer, au « passage » et à la « distance », la « *métaphore* », plus significative du « déplacement »[142] rhétorique et de la « différence » philosophique, bien marqués dans les textes, plus expressive aussi de ce qui , touchant l'*éros* et ses modifications, est tout à la fois conservé/déplacé. Transfert donc de l'« amour du corps » à l'« amour de l'âme », ainsi que de l'*éros* à la *philia*[143], mais, simultanément, de la « conduite amoureuse » au « discours sur l'amour »[144], de l'« honneur du garçon » à l'« amour de la vérité ». Toutes ces transformations reposent au fond sur un « renversement de jeu » et un « retournement des rôles », qui amènent les aimés à devenir les amants du « maître » pour qu'ils deviennent les amants de la vérité[145]. On a deviné que l'« érotique socratique » est au coeur et au principe de de nouvel amour. Mais à autant de *déplacements* correspondent autant de *problèmes* qui n'ont pas tous ni toujours été abordés ici par M. Foucault.

Problème 1 : Que veut dire la constitution de la *psuchè* comme objet totalement inédit, parce que totalement *non physique*, de l'amour ? Quelle destitution, préalablement, s'est opérée du *sôma* comme simple « instrument », comme objet d'un « avoir », ou comme figure de la « sépulture » ou du « tombeau », etc. ? Comment surtout s'est organisée, non tellement l'apparition d'une « valeur spirituelle », peut-être impropre à désigner les valeurs « psychiques » selon Socrate, mais celle d'une *anthropologie de la psuchè*, lisible dès l'*Alcibiade* ? Là résiderait sans doute la désensualisation, la désexualisation, non toutefois la désérotisation de la relation d'amour.

Problème 2 : Comment interpréter l'« érotique socratique » sans analyser plus avant le personnage de *Socrate amoureux* ? Et ceci, moins d'après *l'autoportrait* que celui-ci donne de son « atopie » amoureuse, fondée sur l'amour de l'âme dans l'*Alcibiade*, mais en suivant la peinture que font de lui ses « amoureux », particulièrement Alcibiade lui-même dans l'éloge érotique du *Banquet* ? Et comment se produit, dans la pratique amoureuse de Socrate, cette inversion de rôles entre l'éraste et l'éroumène, très finement indiquée par M. Foucault[146] ? Comment lire un texte fugitif mais qui en dit long, où il n'est pas seulement question d'une *liste*, la liste reconnue des conquêtes socratiques et d'ailleurs non limitative, car « il y en a aussi d'autres en très grand nombre »[147] ? Ce qui est dit, par Alcibiade, c'est que Socrate « trompe complètement (ses aimés) en faisant l'amant, alors qu'il prend la place des jeunes amours plutôt que d'occuper celle de l'amant »[148]. *Socrate amant, Socrate aimé*, tel serait le sens délicat et pervers d'une volte amoureuse et d'un *amour, d'abord captatif puis décepteur*, qui prend les aimés à contrepied en les obligeant, eux qui sont jeunes, à occuper soudain la position d'amant, de soupirant, voire d'invitant. Ce que confirmerait la fameuse nuit d'un amour qui n'eut pas lieu[149] entre Alcibiade et Socrate.

Problème 3 : En quoi consiste le *changement d'objet* qui, dans le *Banquet* notamment, fait de l'*éros*, non plus le « sujet » d'un désir, mais l'« objet » d'un discours[150] ? Comment rendre compte d'une mutation, survenue dans le *logos*, qui fait passer d'une rhétorique à cette autre rhétorique, la dialectique, et selon laquelle il faut que le « beau sujet » de rhétorique, cher à Agathon, s'éloigne et disparaisse pour qu'un autre discours apparaisse, qui exhibe tout à la fois une *relation d'objet* et une *situation de manque* ? Il faut en effet que l'amour cesse d'être l'amour de quelqu'un pour devenir l'« amour de quelque chose », un *tinos érôs*[151]. Il faut aussi que l'amour ne soit plus le « bel amour » des amoureux, mais aussi des poètes et des rhéteurs, pour que surgisse l'« amour du beau », qui est celui des philosophes et qui n'est pas beau. Il faut surtout qu'une *idée de l'amour* soit possible, qui présuppose et l'élaboration d'une nouvelle mythologie généalogisante et les opérations complexes d'une division dialectique de l'*éros*.

Problème 4 : Que signifient surtout ce « rapport au vrai », cette « relation à la vérité », souvent relevés par M. Foucault, mais cependant laissés dans une sorte d'*indétermination* ? Espièglerie d'« auteur », parti pris de « moraliste », malice de « généalogiste », le fait est que M. Foucault traite de la « vérité » platonicienne sans énoncer jamais la théorie majuscule de l'Idée, sans prononcer l'Essence et sans faire autrement que balbutier la dialectique sous une appellation qui, telle quelle, reste incomplète : la « dialectique de l'amour »[152], et dont l'enjeu demeure mineur : « voir le beau en lui-même »[153]. Marginalisation en effet des formes platoniciennes et débaptisation des idées, tout cela reconnaissable dans le procédé graphique, fugitif mais systématique, d'enlever à l'Idée sa majuscule de majesté, pourtant traditionnelle — mais depuis quand au fait ? —, et de la formuler seulement, encore que rarement, sous les espèces de la « petite idée ». Non ignorance, assurément, dans cette étrange *ellipse de l'Essence*, mais un parti délibéré d'*ignorer l'essentiel*, c'est-à-dire, au bout du compte, de contourner, dans l'intimité même de l'homme philosophique, le surgissement de l'*épistémè*, et d'esquiver une resémantisation sans précédent de l'*alétheia*. Mais n'est-ce pas qu'à trop vouloir inscrire la vérité dans la « vérité du désir », on s'est sensiblement exposé à manquer le « désir de vérité » et, pour finir, la « vérité » elle-même ? Tout se serait alors passé comme si le souci « généalogique » avait seulement frôlé, mais également empêché le projet « herméneutique ».

*

Pour aller au bout de cette prodigieuse « érotique philosophique » entreprise, sur terrain grec, par M. Foucault, à partir de l'« homme de désir », pour conférer aussi toute son ampleur et sa rigueur à une « histoire de la vérité », qui en constituait la permanente et lointaine visée, peut-être eût-il fallu analyser en son fonds l'étonnante mutation qui donne son sens au désir de vérité et qui s'appelle amour du savoir ou, si l'on veut, philosophie. L'analyse de cette mutation eût sans doute déplacé les lignes ultimes de la recherche, voire même décalé son territoire en direction de la modernité. Un détour par l'exercice de la *phronèsis* et de la *catharsis* selon Platon et par la pratique des *vertus dianoétiques* chez Aristote, où surabondent aussi les thèmes « prescriptifs », eût permis de fixer à sa naissance la grande solidarité de vérité et d'objectivité qui s'y établit respectivement entre l'*ousia*, la *théôria* et l'*épistémè* et qui devait unir pour longtemps une théorie de l'être, de l'homme et de la science dans l'imposante figure de l'*homme de savoir*, ce mutant de l'homme de désir. Un autre détour par la critique, dont cette solidarité devait faire successivement l'objet, chez Kant, Nietzsche et Heidegger, eût permis d'éclairer, en contre-jour, la dissociation même de cet homme de savoir, qui s'était fixé en Grèce ancienne, ainsi que la dissipation d'une métaphysique supposée, dont l'épistémologie, l'anthropologie et l'ontologie sont les territoires éclatés.

Mais c'est là une autre histoire. L'« *éros* » y eût peut-être perdu, ce qui n'est pas sûr, tant l'insistante méticulosité de M. Foucault à placer sous un regard neuf une infinité de textes anciens constitue une incitation permanente à ne plus les lire comme avant et tant il est vrai que, sous son regard, c'est tout un pan du monde grec qui a bougé. L'« érotique » philosophique y eût peut-être aussi gagné quelques-unes de ses perspectives, pour peu que le *travail de l'éros*, de proche en proche et de différences en différences, se fût étendu de la tempérance vers la connaissance, du pouvoir sur soi au savoir d'autre chose, du « sujet » éthique en direction de l'« homme théorique » et à la condition d'exposer l'*éros* au grand soleil de la *théôria* pour y déchiffrer, à l'origine, et dans sa genèse, donc dans le déplacement de son sens, l'ultime « subjectivation » : l'*assujettissement au savoir*.

Ce sont des questions philosophiques que j'aurais aimé poser à l'ami de toujours. Mais voici que M. Foucault, en se séparant de ses livres, s'est aussi séparé de nous et n'est plus là pour nous répondre.

Henri Joly

1. *L'Usage des plaisirs*, Paris, Gallimard, 1984, p. 15 *(U.P.)*.

2. *Histoire de la sexualité. I. La Volonté de savoir*, Paris, Gallimard, 1976 *(V.S.)*.

3. *U.P.*, p. 17.

4. *Le Souci de soi*, Paris, Gallimard, 1984, pp. 16-50.

5. *Ibid.*, surtout pp. 59-69.

6. *Ibid.*, pp. 69-71 et surtout p. 147.

7. *Ibid.*, pp. 177-205.

8. *Ibid.*, p. 230 et sq.

9. *Éthique à Nicomaque*, II, 9 : *En panti dé malista phulaktéon to hèdu kai tèn hèdonèn ... houtô gar autèn apopempoménoi ... hèton amartèsométha (E.N.)*.

10. *Histoire de la folie à l'âge classique*, Paris, Plon, 1961, p. III.

11. *Les Mots et les choses. Une archéologie des sciences humaines*, Paris, Gallimard, 1966, p. 57, où M. Foucault rappelle la distinction stoïcienne du signifiant, du signifié et de la « conjecture », avec ici une impropriété de traduction relative au *tunchanon (M.C.)*.

12. *U.P.*, p. 12.

13. *U.P.*, p. 18.

14. *U.P.*, p. 13, n. 1. : « Je ne suis ni helléniste ni latiniste. Mais il m'a semblé qu'à la condition d'y mettre assez de soin, de patience, de modestie et d'attention, il était possible d'acquérir, avec les textes de l'Antiquité grecque et romaine, une familiarité suffisante...»

15. *U.P.*, pp. 13-14.

16. *U.P.*, p. 13, n. 1.

17. *Ibid*.

18. *U.P.*, p. 16.

19. *U.P.*, p. 17. « On croyait s'éloigner et on se trouve à la verticale de soi-même. Le voyage rajeunit les choses, et il vieillit le rapport à soi. »

20. *M.C.*, notamment p. 355 et sq. ; cf. aussi chap. X, « Les sciences humaines », et surtout pp. 397-398.

21. « Deux essais sur le sujet et le pouvoir », in *M. Foucault. Un parcours philosophique*, par H. Dreyfus et Paul Rabinow, avec un entretien et deux essais de M. Foucault, Paris, Gallimard, trad. franç., p. 297. Sur les méthodologies foucaldiennes, cf. aussi A. Kremer-Marietti, *Michel Foucault. Archéologie et Généalogie*, 2e version, Paris, Le Livre de Poche, Biblio. essais, 1985.

22. *Ibid.*, pp. 297-298.

23. *V.S.*, notamment p. 78, où l'aveu est compté « parmi les rituels majeurs dont on attend la production de vérité ».

24. *U.P.*, p. 17, et surtout chap. 1er, « La problématisation morale des plaisirs », p. 43 et sq.

25. *U.P.*, p. 9.

26. *U.P.*, p. 10.

27. K.J. Dover, *Greek homosexuality*, Londres, Duckworth, 1978, et *Homosexualité grecque*, trad. franç. par S. Saïd, Grenoble, La Pensée sauvage, 1982, surtout pp. 83-84 *(H.G.)*.

28. *U.P.*, pp. 55-56 ; *H.S.*, p. 83.

29. *U.P.*, p. 57, où Foucault parle très finement des « acteurs » opposés aux « acteurs actifs ».

30. *H.S.*, p. 30, pp. 83-84.

31. *U.P.*, pp. 55-56 ; *H.S.*, p. 31. On pourrait ajouter à cette gamme sémantique un emploi   aristotélicien d'*opuieîn-opuieîsthai* : « épouser/être épousée » ; en fait et dans le contexte : « être le sujet/être l'objet de rapports sexuels » *(E.N.*, VII, 5,3).

32. *U.P.*, p. 217.

33. *U.P.*, pp. 52-53, avec une référence au *Philèbe*, 44 e sq. et un raccourci sur « une ontologie du manque et du désir », que présuppose la doctrine platonicienne du plaisir.

34. *U.P.*, p. 54. La grande « énergétique » de l'éthique aristotélicienne du *plaisir*, bien différente sur ce point de l'« énergétique » physique, n'est pas ici soupçonnée ni mentionnée.

35. *U.P.*, p. 48.

36. On signalera pourtant de J. Marcadé, *Eros Kalos*, Genève, Nagel, 1965, ainsi que la belle iconographie réunie par Dover, *op. cit.*

37. Cf. R. Van Gulik, *La Vie sexuelle dans la Chine ancienne*, trad. franç., Paris, Gallimard, 1971, que M. Foucault cite et utilise.

38. *Philèbe*, 24 cd.

39. *Timée*, 86 be, et *U.P.*, p. 54.

40. *U.P.* , pp. 64-67.

41. *U.P.*, pp. 68-70.

42. *U.P.*, pp. 70-73.

43. *U.P.*, p. 60.

44. *U.P.*, p. 82.

45. *U.P.*, p. 75.

46. Sur cette problématique importante, révélée par l'analyse d'innombrables mythes grecs, cf. les travaux de J.P. Vernant, M. Detienne et de leur « école », travaux relativement peu exploités par M. Foucault.

47. *U.P.*, chap. IV, « Liberté et vérité », pp. 91-107.

48. *U.P.*, p. 71, ainsi que p. 101, où par référence à un texte de Xénophon (*Mém.*, IV, 5,11), Foucault indique que l'« homme de tempérance » et l'« homme de la dialectique » sont un seul et même homme. Sur les pratiques concrètes de la « moralité » et de l'« immoralité » grecques, cf. le livre majeur de K.J. Dover, *Greek popular morality in the time of Plato and Aristotle*. University of California Press, Berkeley and Los Angeles, 1974, d'ailleurs mentionné par M. Foucault.

49. *U.P.*, p. 113.

50. *Anc. Méd.*, éd. A. J. Festugière, *Hippocrate. L'ancienne médecine. Introduction, traduction et commentaire*, Paris, Klincksieck, 1948, §III, 38 HL.s : *iskhurè té kai thériódés diaité*, ainsi que § VII.

51. *U.P.*, p. 113.

52. H. Joly, *Le Renversement platonicien. Logos, Épistémè, Polis*, Paris, Vrin 1974, 2e éd. , 1980, pp. 238-240.

53. A. Thivel, *Cnide et Cos ? Essai sur les doctrines médicales dans la collection hippocratique*, Paris, Belles Lettres, 1981, p. 88.

54. *U.P.*, p. 114 et p. 120, ainsi que Platon, *Rép.* III, 405a-408e.

55. *U.P.*, pp. 114-115 ; cf. aussi pp. 118-119 : « l'excès valétudinaire », cause d'une « vie mourante », symétrique inversé de « l'excès athlétique », responsable du « forçage des athlètes ».

56. *U.P.*, p. 115, et Hippocrate, *Épidémies*, VI, 6,1.

57. *U.P.*, p. 126, et Hippocrate, *Du régime*, II, 58, 2 : « *Lagneiè iskhnainei kai hugrainei kai thermainei* ». A noter le terme technique de *lagneiè* pour désigner médicalement la « copulation », dont le « *coïtus* » sera la transcription latine.

58. *U.P.*, p. 126.

59. *U.P.*, 131, et Pseudo-Aristote, *Problèmes*, IV, 26 et 29. Cf. aussi Hippocrate, *Du régime*, I, 24,1.

60. Hésiode, *Travaux*, v. 586 : « *makhlotatai dè gunaîkes, aphaurotatoi dè oi andres*». Cf. aussi J.P. Vernant, *Mythe et société en Grèce ancienne*, Paris, Maspero, 1974, p. 188 *(M.S.)*.

61. *U.P.*, p. 132.

62. *U.P.*, p. 135.

63. *U.P.*, pp. 136-137.

64. *U.P.*, pp. 137-140, et Platon, *Lois*, IV, 721 ab, VI, 785 b, *Rép.*, V., 460 e.

65. Pour un aperçu sur ces questions de la race et du *génos* antiques, cf. notamment E. Des Places, *Pindare et Platon*, Paris, Beauchesne, 1949, et *Syngeneia. La parenté de l'homme avec Dieu, d'Homère à la patristique*, Paris, Klincksieck, 1964.

66. *U.P.*, pp. 142-143, et Aulu-Gelle, *Nuits attiques*, XIX, 2.

67. *U.P.*, p. 146, et Diogène Laërce, *Vie des philosophes*, VIII, 1,28, qui voyait dans le sperme « une goutte de cervelle contenant en elle une vapeur chaude ».

68. Sur ces questions, cf. R. Van Gulik, *op. cit.*, surtout pp. 83-304. Cf. *U.P.*, p. 154.

69. Platon, *Phéd.*, 68 bc.

70. *U.P.*, p. 159.

71. *Ibid.*

72. *U.P.*, pp. 23-24.

73. *U.P.*, p. 159, et Démosthène, *Contre Nééra*, 122.

74. J.P. Vernant, *M.S.*, p. 60. Cf. aussi W.K. Lacey, *The Family in Classical Greece*, 1968, cité par M. Foucault.

75. A. Grosrichard, *Structure du sérail, la fiction du despotisme asiatique dans l'Occident classique*, Paris, Ed. du Seuil, 1979.

76. *U.P.*, p. 166.

77. *M.S.*, p. 60.

78. *M.S.*, p. 61, où se trouvent bien distingués ces trois types de la descendance grecque, à quoi correspondent trois modes de la paternité et trois statuts de la progéniture.

79. Lysias, *Sur le meurtre d'Eratosthène. Discours*, t. I., Paris, Belles Lettres.

80. *U.P.*, pp. 169-183.

81. Xénophon, *Economique*, III, 10-15 : VII, 1 à VIII, 3 ; IX, 11 à X, 12.

82. *Ibid.*, VIII,4 : « Il en va de même, dis-je, ma femme, d'une armée *(stratia)*...» ; et VIII, 11 : « Le jour où j'ai cru voir l'ordre *(taxis)* le plus beau et le plus exact, Socrate (Ischomaque a changé de partenaire dialogique), c'est quand je suis monté, pour le visiter *(épi théan)*, à bord du grand bateau phénicien. »

83. *Econ.*, VII, 11, 12, 18 et déjà III, 15. Cf. surtout VII, 12 : « *nun dè d'oikos èmin ode koinos estin* ».

84. *U.P.*, pp. 171-173 - *Écon.*, VII, 10.

85. *Econ.*, VII, 14-15.

86. *U.P.*, pp. 172-173. Sur cette *paideia*, cf. *Econ.*, VII, 4.

87. *Econ.*, III, 12 : *Esti dé hotôi ellatona dialégei è téi gunaiki ?*

88. *Econ.*, VII, 32, 33.

89. *U.P.*, p. 177.
90. *U.P.*, p. 181 : « ... il n'est pas fait allusion à la fidélité sexuelle de la femme... c'est un principe nécessaire et qu'on suppose admis.»
91. *U.P.*, pp. 179-189 · *Econ.*, X, 1-8.
92. *U.P.*, p. 181.
93. *U.P.*, p. 166.
94. *U.P.*, p. 167.
95. *U.P.*, p. 183.
96. *U.P.*, p. 200.
97. *U.P.*, p. 187.
98. *U.P.*, p. 191 ; Isocrate, *Nicoclès*, 36.
99. *U.P.*, pp. 195-196, et Pseudo-Aristote, *Economique* I, 4, 1, 1344 a.
100. *U.P.*, p. 195.
101. *M.S.*, p. 62.
102. *Ibid.*, p. 58.
103. *Od.*, I. v. 433 : *« eunèi d'ou pot'émikto, cholon d'aléine gunaikos ».*
104. *Nuées*, V. 42-45.
105. *U.P.*, p. 182.
106. Cf. H. Joly, *Autour de la Médée d'Euripide*, Livret de la *Médée* de Bob Wilson, Opéra de Lyon, octobre 1984.
107. Sur la délicate question du « pouvoir féminin » et de la « féminité » en Grèce ancienne, cf. P. Vidal-Naquet, « Esclavage et gynécocratie dans la tradition, le mythe et l'utopie » in *Le Chasseur noir*, Paris, Maspero, 1981, et Cl. Mossé, *La Femme dans la Grèce antique*, Paris, Albin Michel, 1983, ouvrages non cités par M. Foucault.
108. *U.P.*, p. 98, et déjà p. 96. Sur ce même thème, cf. aussi P. Veyne, « L'homosexualité à Rome », in *Sexualités occidentales, Communications*, nº 35, Paris, Ed. du Seuil, 1982, pp. 26-33.
109. *U.P.*, p. 99. Cf. aussi l'Agathon efféminé des *Thesmophories* d'Aristophane.
110. *U.P.*, p. 99.
111. *U.P.*, p. 99-106 et surtout p. 103.
112. *U.P.*, p. 101.
113. L. Robin, *La Théorie platonicienne de l'Amour*, Paris, P.U.F., 1933, 4e éd., 1964.
114. K.J. Dover, *H. G.*, *op. cit.*
115. *U.P.*, respectivement chap. IV, pp. 205-248 et chap. V., pp. 249-269.
116. Entre autres textes « socratico-platoniciens » innombrables, cf. *Gorgias*, 482 a, où Socrate énonce, de *la philosophie*, qu'elle est *tous ses amours : tèn philosophian, ta éma paidika...*
117. Cf. *Banq.*, 182 ac, et *U.P.*, p. 226.
118. *U.P.*, p. 212 et pp. 247-248.
119. *U.P.*, p. 213.
120. *U.P.*, pp. 208, 213, 247 et surtout p. 217 : « la relation sexuelle entre homme et garçon n'allait pas de soi ».
121. Diogène Laërce, *Vie des philosophes*, IV, 7, 49, cité par *U.P.*, p. 208.
122. *U.P.*, p. 211.
123. *U.P.*, p. 215.
124. *U.P.*, pp. 216-217.

144

125. *H.G.*, p. 19 et n. 7.

126. *U.P.*, p. 218.

127. *U.P.*, p. 222.

128. *U.P.*, p. 224.

129. *U.P.*, p. 225.

130. *U.P.*, p. 230. Cf. aussi pp. 253-254.

131. *U.P.*, p. 230. « *charizesthai* », « *diaprattesthai* », « *peithesthai* », « *apolaues-thai* », telles sont les expressions, assez vagues et générales, pour désigner l'acte.

132. *U.P.*, p. 245.

133. Ce risque de l'« effémination » excessive du garçon intervient aussi comme argument dans le débat sur l'aspect *kata phusin* ou *para phusin*, « selon nature » ou « contre nature », de l'amour grec. Cf. *U.P.*, p. 244, ainsi que Platon, *Lois*, I, 636 bc.

134. Cf. *U.P.*, pp. 239-242.

135. Sur ces problèmes, cf. H. Jeanmaire, *Couroi et Courètes. Essai sur l'éducation spartiate et sur les rites d'adolescence dans l'antiquité hellénique*, Lille, 1939, ainsi déjà que W. Bethe, *Die dorische Knabenliebe*, Rheinisches Museum, 1907. Sur l'impossibilité d'établir, par faits historiques, leur *origine « dorienne »*, mais sur l'étroite relation entre *pratiques pédérastiques* et *pratiques de guerre*, cf. K.J. Dover, *H.G. op. cit.*, pp. 224-248.

136. Cf. *U.P.*, p. 236, où la question est bien posée : « Ce qu'il faut saisir ici ce n'est pas pourquoi les Grecs avaient le goût des garçons mais pourquoi ils avaient une "pédérastie" ».

137. Xénophon, *Banquet*, I. 8 : « *allôs te kai an met'aidoùs kai sôphrosunès* ».

138. *U.P.*, p. 243.

139. *U.P.*, p. 248.

140. *U.P.*, p. 251.

141. *U.P.*, p. 256.

142. M. Foucault utilise bien la notion mais fugitivement et, pourrait-on dire, sans le concept : «... l'interrogation se trouve déplacée...» (*U.P.*, p. 267). Il récuse aussi et à juste titre la thèse d'un « dépassement » pur et simple de l'*éros (ibid.*, p. 269).

143. *U.P.*, pp. 256-257.

144. *U.P.* pp. 259-260.

145. *U.P.* p. 264 et sq, pp. 59-60.

146. « Ils sont en position d'érastes, et lui, le vieil homme au corps disgracieux, est en position d'éroumène » (*U.P.* p. 265).

147. *Banq.*, 222 b : « *Kai allous panu pollous* », ainsi que *U.P.*, p. 264.

148. Cf. *Banq.*, 222 b, où le balancement antithétique : *ôs érastès/ant'érastou* est significatif.

149. *Ibid.*, 219 cd.

150. *Ibid.*, 199 d.

151. *Ibid.*

152. *U.P.*, p. 264.

153. *U.P.*, p. 261.

Le Groupe de Recherches sur la Philosophie et le Langage, **a déjà publié :**

Cahier nᵒ 1 - (septembre 1981 - 148 pages - 45 F)

- Présentation du Groupe de Recherches, par Janine CHENE
- Lecture, lecteurs, lettrés, littérature, par Pierre BOURDIEU
- Les origines frégéennes de la distinction entre ce qui « se dit » et ce qui « se voit » dans le « Tractatus Logico-Philosophicus » de Wittgenstein, par Jacques BOUVERESSE
- Valéry, Wittgenstein et la philosophie, par Régine PIÉTRA
- Essai sur la rationalité et la pensée mythique grecques, par Henri JOLY
- Le « Récit scientifique » à l'âge baroque : l'exemple du récit de la découverte de la circulation du sang, par Jacques LAMBERT.

Cahier nᵒ 2 - (juin 1982 - 180 pages - 57 F)

- Entre temps et récit : Concorde / Discorde, par Paul RICOEUR
- Le temps du conte et le non-temps de l'inconscient, par Monique SCHNEIDER
- Le rôle du récit dans l'avance en âge, par M. PHILIBERT
- La notion du sujet parlant, par Oswald DUCROT
- La peinture tirée du tombeau, par C. STANISLAS
- L'Etre (et le Néant) dans sa Lettre, par François HIEDSIECK
- Le corps-langage - Inscription, parole, phantasme dans l'hystérie de conversion, par Janine CHENE
- Le corps-langage - le corps anagrammatique, par Monique BROC-LAPEYRE

Cahier nᵒ 3 - (juin 1983 - 177 pages - 66 F)

- Vices et vertus des cercles (pour introduire aux problèmes de l'auto-référence), par Daniel BOUGNOUX
- La langue et le discours de la méthode, par Jacques DERRIDA
- Rêver de ses plaisirs. Sur l'onirocritique d'Artémidore, par Michel FOUCAULT
- La philosophie entre le clair et l'obscur ou Kant et Hegel devant l'« Aufklarung », par Henri JOLY
- L'archipel et le signe (Sur la pensée kantienne de l'historico-politique)
- par Jean-François LYOTARD
- Secret, dissimulation et art de persuader chez Pascal, par Louis MARIN
- L'« Aufklärung » et la problématique de la langue : Enjeux culturels et université scientifique, par Marianne SCHAUB

Ces ouvrages sont disponibles à la
Librairie VRIN - 6 place de la Sorbonne - 75005 PARIS

Cahier n° 4 - (juillet 1985 - 219 pages - 69 F)
- Les formes fondamentales de la prédication : un essai de classification, par Jules VUILLEMIN
- Connaissance des mots, connaissance des choses : théorie du signe et épistémologie à l'âge classique, par Ulrich RICKEN
- Le synthétique a priori et la science moderne, par G. GRANGER
- Platon, Aristote, Descartes, sur l'espace, par Jean LARGEAULT
- Logique médicale, par Anne FAGOT
- Lecture et identification dans l'histoire naturelle : Cuvier et le déchiffrement des organismes, par Jacques LAMBERT
- La recherche contemporaine sur le mythe : une révolution pas encore conçue, par Kurt HUBNER
- Wittgenstein critique de Frazer, par Jacques BOUVERESSE
- Identité, désignation et matérialisme, par Pascal ENGEL

Cahier n° 5 - (2e trimestre 1985 - 175 pages - 69 F)
- La sophistique dans l'Antiquité : Grèce, Inde, Chine, par Régine PIÉTRA
- L'égalité du droit à la parole dans la démocratie grecque - la notion d'isègoria, par Janine CHENE
- Pourquoi Baubô a-t-elle fait rire Déméter ? par Monique BROC LAPEYRE
- Épicure : un langage pour la sagesse, par François HEIDSIECK
- Remarques sur la logique du changement, par Frédéric NEF
- Le mot, la phrase, le roman et l'existence chez Flaubert, par Claude BOYARD
- Le langage des droits de l'homme, par Jean-François de RAYMOND

Cahiers n°s 6 et 7 - (avril 87 - 464 p. - 150 F)
Philosophie du langage et grammaire dans l'Antiquité - Actes du Colloque du 3 au 6/9/85.

Avant-Propos d'Henri JOLY
- Les mots et les choses : La philosophie du langage chez Démocrite par Aldo BRANCACCI
- Dire et savoir (*legein - eidenai*) chez Xénophane et Parménide par Anna KÉLESSIDOU
- Observations concernant *legein* et *logos* chez Héraclite par François HEIDSIECK

Table des matières